Prince

Ein Portrait des Künstlers
als Postmodernist

Sven Ulrich Lippert

à propos
Lektüren zu Begriffen, Lektüren zu Ideen, Lektüren zu Lektüren

*Dieses Buch gehört
den Tränen*

*Zum Titelbild
Promoshot für Dirty Mind 1980, jetzt Public Domain, nach Wikipedia
Dieses Buch ist urheberrechtlich geschützt. Alle Rechte vorbehalten.
© 2023 Sven Ulrich Lippert
ISBN: 9798861585316
An english edition will be available soon*

Signé: Prince

Es ist tatsächlich sein Name. Aber es ist so viel mehr. Ein Markenzeichen. Ein Versprechen. Eine Last. Eine Wiedergeburt. Schließlich: erlösende Selbstverständlichkeit.

Schon hier: Ein postmoderner Name. Ein Titel, eine Prätension. Eine Wette des Vaters mit seinen Bandkollegen: Wer als erster ein Kind bekommt, muss es nach dem *Prince Rogers Quartet* taufen. Deshalb auch Prince Rogers Nelson. Der Standesbeamte weigert sich, den Namen so einzutragen. Er macht aus dem zweiten Wort ein Roger. Ist Prince aber ein Roger? Unmöglich. Er ist Prince. Viele haben versucht, ihm den Namen streitig zu machen, unter anderem Will Smith und Michael Jackson. Niemandem ist es je gelungen. Der Name ist eine Signatur. Eine postmoderne Signatur im Sinne von Lyotards Strukturbiographie über André Malraux: *Signé Malraux*.

Bezeichnenderweise ist Prince immer nur von Vornamen umgeben, André, Dez, Lisa, Wendy, Sheila, Eric, Sonny, Levi, Renato, Rhonda und wie sie alle heißen. Mancher Nachname wird abgekürzt wie ein Stempel (Sheila E.), mancher Vorname mit einem *epitheton ornans* versehen (Tommy Barbarella), mit dem vollen Namen auf der Bühne ausgerufen zu werden, ist die höchste Auszeichnung: Mr. John Blackwell, Mr. Renato Neto, Mr. Hayes (hier teilweise sogar ohne Vornamen). Alle anderen sind für Prince Duzfreunde, er selbst ist niemandem ein Vorname, allen nur eine Legende.

Dies setzt sich im Sozialen fort: Er fährt nicht, er kauft nicht ein, er telefoniert nicht, alles wird von Assistenten gemacht. Sie sprechen über ihn mit der Außenwelt in der dritten Person: *He wants you to come by.* Er tritt nie direkt mit der Welt in Berührung. Er ist immer eine Erscheinung, die von außerhalb in der Welt erscheint. Unendlich viele Prince-*stories* variieren das Mythem von ihm, *who appears as out of thin air.*

Umso mehr ist erstaunlich, dass er einen Song geschrieben hat mit dem Titel *My Name is Prince,* der programmatische erste Track des *Love Symbol*-Albums (1992), an dessen anderen Ende er, im letzten Track, darauf insistiert, eigentlich Victor zu heißen, natürlich auch ein hagiographisch überhöhtes Epitheton, fast schon eine Epiklese.

Den Namen nach diesen Beschwörungen anschließend durch das christlich inspirierte *Love Symbol* zu ersetzen, zunächst nur die Zeichen von Mars und Venus überlagert, später zusätzlich das *Anch*-Kreuz oder *crux ansata* aus der ägyptisch-koptischen Tradition, ist schon ein bezeichnender Schritt, insbesondere wenn auf dem *Come*-Album (1994) sein Name immer mit den Lebensdaten (1958-1993) versehen wird.

Hier hat ein Tod stattgefunden, es gibt sogar ein Foto des „Leichnams" (ebenfalls auf dem *Come*-Album), — am Interessanten ist aber dann die Formulierung *The Artist formerly known as Prince:* Er war immer ein namenloser Künstler, der nur unter dem Namen *Prince* bekanntgeworden ist, sein wahrer Name ist unaussprechlich. Es ist also auch nicht ein weiteres seiner vielen Pseudonyme oder Tarnnamen, das Zeichen ist der wahre Name. Diesen synkretistisch-esoterischen Ausflug beendet der Künstler dann 1999 auf dem Album *Rave*, das *produced by Prince* ist. Der unaussprechliche Künstler lässt sich von der Achtziger-Legende ein Album produzieren. In seiner Künstlerpersona sind viele Persönlichkeiten, auch *Camille, The Kid, His Royal Badness, Christopher Tracy,* — *Prince* ist eine dieser Gestalten, die jetzt wieder deckungsgleich mit Prince wird.

Wer jetzt sagt, dass dies ja alles nur Machinationen zur Umgehung eines ungeliebten Plattenvertrags seien, verkennt die Lage. Niemand hat Prince dazu gezwungen, dieses postmoderne Spiel mit seinen Identitäten zu einem Leitmotiv, einer Signatur seiner Existenz zu machen. Er hat sich selbst freiwillig so erfunden.

Man könnte diese Namen auch mit seinen Gitarren identifizieren: *Prince* ist die honiggelbe Hohner Telecaster *Mad Cat* mit dem tortoise-pickguard, *The Kid* (der Superstar) ist die (weiße) *Cloud* von Dave Rusan, *The Artist* ist die *Love Symbol*-Gitarre von Jerry Auerswald, andere Iterationen sind die Model C des Prince of Nazareth (zum Beispiel im *The Question of U*-Video, ebenfalls von

Auerswald), die Custom-Fender Floyd Rose-Modelle mit Telly-Pickups der Montreux 2009-Konzerte und die Vox der *3rd Eye Girl*-Phase.

Und zuletzt: Es dauert bis 2014, bis auf *Hit'n'Run Phase 1* das erste Mal sein bürgerlicher Name erscheint: Mr. Nelson. Bezeichnenderweise in einer futuristischen Fiktion, in der er nach jahrhundertelangem Kryoschlaf in einer ungewissen Zukunft aufgewacht ist. Niemand in der ganzen Geschichte der Künste hat jemals einen solchen Maskenball mit dem eigenen Namen veranstaltet. Niemand hat jemals seine bürgerliche Identität, Ethnizität, Genderrolle, visuelle Erscheinung und praktische Greifbarkeit so sehr zum Thema eines postmodernen Spiegelkabinetts gemacht, — und ist gleichzeitig so selbstverständlich unter einem Nicht-Namen so zu einem postmodernen Mythos geworden wie eben — Prince.

Dies ist seine wahre künstlerische Schrift, die Signatur seiner Existenz: *Signé Prince.*

Künstlertum

Was aber ist dieses universelle, zeitlose, paradox verschachtelte Künstlertum, das Prince in seiner existenziellen Verlorenheit als Jugendlicher vorgeschwebt haben muss? Man kann es sich an seinen großen Vorbildern klarmachen:

MILES DAVIS hatte 1986, als er in einem Fernsehinterview erstmals äußerte, dass Prince besser spiele als jeder Jazzmusiker, den er kenne, gerade einen riesigen Crossover-Erfolg mit seinen zwei Alben *You're Under Arrest* (1984) und *Tutu* (1986) gehabt. Seine Version von *Time After Time* und *Splatch* waren überall, mindestens so prominent wie Herbie Hancocks *Rockit* und Weather Reports *Birdland* in ihrer Zeit. Er war selbst (wie Frank Zappa) in einer Episode von *Miami Vice* aufgetreten und galt einem Millionenpublikum als der letzte große Jazz-Musiker der Bebop-Ära. Als er in der Silvesternacht 1987 in Paisley Park bei *Gonna be a beautiful Night* mit Prince auf der Bühne stand und im Breakdown seine Trompete spielte, war dies der ultimative Crossover des Jazz mit der Pop-Musik. *Miles Davis used to be Pop*, fasste Prince es in einem Konzert einmal prägnant zusammen (welchen Begriff von Pop dieses Zitat impliziert, habe ich in meinem Buch *Hier. Jetzt. Über das Populäre* dargestellt). Alle Tracks der genannten Miles Davis-

Alben (und von seinem letzten Album *doo-bop* (1992) mit Easy Mo Bee) konnte man problemlos - wie übrigens auch die Tracks von Frank Zappas *Jazz from Hell* (1986) und *Guitar* (1988) - problemlos in eine Playlist anspruchsvoller Popmusik (in diesem Sinne) der Achtzigerjahre integrieren. Gemeinsam mit den gleichzeitigen Innovationen der Talking Heads, von Talk Talk oder Cameo war die populäre Musik auf dem höchsten Niveau und der komplexesten Universalität, bevor sie sich wieder in Nischen zersplitterte.

JAMES BROWN hatte 1985 mit *Living in America* noch einen letzten Comeback-Hit gehabt und war ansonsten längst zu einer Legende geworden. Seine große Zeit von Mitte der Sechziger bis Mitte der Siebziger lag bereits einige popkulturelle *turns* zurück. Prince coverte um 1987 in seinen Aftershow-Parties gern *Cold Sweat* und *Sex Machine* (so u.a. auf dem legendären *Sex Machine*-Bootleg von 1987 aus dem New Morning-Club in Paris, den ich noch 1990 an der Porte de Clignancourt kaufen konnte), hatte das *Parade*-Album (1986) und die anschließende Tour klar in seinem Stil gehalten und wurde seinerzeit vor allem als der neue *hardest working man in show business* bezeichnet. Prince maß sich an James Brown (und nur an ihm) im Tanzen und im Gesang, wusste aber, dass er mit Gitarre, Piano und Bass eine Virtuosität zeigte, die James Brown (und nebenbei Marvin Gaye) so nicht hatte. Die wichtigste Eigenschaft Browns aber, die Prince (sehr zum Verdruss seiner Plattenfirma) übernehmen wollte, war dessen Fähigkeit, je nach Lust und Laune drei LPs pro Jahr zu veröffentlichen. Die Funk-Musik um 1970 war eine Community- und Club-orientierte

Kultur. Erlaubt war alles, was in den schwarzen Clubs (oder im *Apollo*) funktionierte. Das Musikgeschäft in den Achtzigern war hingegen ein Business, das eine strikte Strategie einhielt: Vorabsingle mit Video - Album - Hauptsingle mit Video - Fernschauftritte - nächste Single mit Video - Tour. Dieser ganze Prozess erforderte je nach Erfolg zwei bis drei Jahre. Man kann den Widerstand von Prince gegen dieses System nicht verstehen ohne den Vergleich mit James Brown um 1970. Das *Black Album* im Winter 1987 sollte ein solches hingeworfenes Album (anonym, direkt an Radiostationen verschickt) werden. Ein Jahr zuvor sollte schon das *Camille*-Album so erscheinen. Für die Fans erfüllten die Bootlegs diesen Zweck.

SLY & THE FAMILY STONE war für den frühen Prince das wahrscheinlich umfassendste Vorbild, nicht nur in Bezug auf ihre Crossover-Musik, sondern gerade auch als eine extrem heterogene Band, die einen extrem homogenen Sound produzierte. *The Revolution* war genau in diesem Bilde geschaffen. Prince hat später immer wieder mit unterschiedlichen Mitgliedern der Family Stone zusammenge-arbeitet (nie jedoch mit Sly selbst, wenn ich richtig sehe), vor allem mit Larry Graham, der ihn um das Jahr 2000 zu den Zeugen Jehovas konvertierte.

JIMI HENDRIX wird immer als Referenz für die Gitarrenqualitäten von Prince genannt (und es gibt gute Gründe dafür, seine Hendrix-Versionen gehören zu den absoluten Höhepunkten seines Live-Repertoires), selbstverständlich aber - und er hat es selbst bei vielen Gelegenheiten betont - ist CARLOS SANTANA der genetische Vorfahr seines Spiels. Seine eigenwillige spirituelle Verschwurbelung, die Musik, zu der Generationen von Babies gemacht wurden, eine elektrische Sonorität mit Rhythmusgruppe, die direkt in den Groove abtaucht und im Synkopieren jenen höheren Sinn sucht, jenes Einswerden im Zeugen, wenn die Saiten direkt zu dir sprechen und sagen: Fass mich an! Santana bringt eine starke Sensibilität für den Rhythmus des Spiels direkt in seinen Ton herein. Es ist eine Präsenz, die ihm gleichzeitig ermöglicht, seine Latin-Rock-Stücke zu interpretieren, wie auch mit John McLaughlin über Coltranes *A Love Supreme* zu improvisieren. Wir werden darauf zurückkommen.

FRANK ZAPPA ist eine weitere solche Referenz. Es war die Pointe, die seinerzeit ein Rezensent bei seiner Besprechung der *Lovesexy*-Konzerte (1988) wählte, als er den unglaublichen Perfektionismus dieser vermutlich großartigsten Konzert-Komposition aller Zeiten rühmte, mit den Worten: *James Brown wäre begeistert gewesen. Frank Zappa auch.* Dahinter steckt eine erstaunliche Erkenntnis: Zappa war 1988 gerade mit seiner *Broadway the Hard Way*-Tour unterwegs gewesen, bei der die Konzerte (ausweislich des Barcelona-Auftritts, der als Video verfügbar ist) durchkomponierte klassische Kompositionen waren, die von ihm zu einem erheblichen Teil tatsächlich *dirigiert* wurden. In beiden Ereignissen erscheint ein performativer Höhepunkt in der Entwicklung des Mediums Konzert, der weder zuvor noch danach jemals wieder erreicht wurden, eine noble, klassische Heiterkeit der Rock- und Popmusik, die sie tatsächlich auch verdiente. Wir wissen, dass Zappa Prince wegen seiner Selbständigkeit und Unabhängigkeit im Angesicht des Musikgeschäftes bewunderte. Beide haben viele Gemeinsamkeiten: Rückzug in ein Studio-Refugium im Privathaus, überbordende Musikproduktion, Interesse an allen musikalischen Richtungen, extreme Virtuosität, Arbeit mit einem Fundus an eingeschworenen Kollaborateuren, dabei aber auch die Fähigkeit, alles allein zu komponieren, arrangieren und einzuspielen und - nicht zuletzt - eine besondere Affinität zum Live-Auftritt. Nur von Prince könnte man sich noch das vorstellen, was Zappa 1987 unternahm: Ein Album von 120 Minuten ausschließlich aus zusammengeschnittenen Gitarrensoli. Ich wüsste nicht, dass sie sich jemals getroffen hätten, vermutlich weil Zappa schon seit 1991 wegen seiner Krankheit kaum noch in der Öffentlichkeit gesehen wurde, wenn sie es nun im Himmel tun, stelle ich mir vor, dass sie sich außer über Arrangements vor allem über Gitarren unterhalten würden, so wie es Billy Gibbons erzählt hat, als er Prince zufällig in New York in einer Bar traf.

Prince hat seinen Auftrag und sein Verständnis des Künstlertums anhand einiger der größten, exzentrischsten und entlegensten Künstler ihres Faches entwickelt und ist nie davon abgewichen. Sein Künstlertum inkorporiert alle Trends seiner Zeiten, bleibt sich selbst aber ungeheuer treu. In dieser Hinsicht ist er kein Pop-Musiker in einem oberflächlichen Sinne, insofern er aber seinen eigenen Impetus zu einem universellen Vokabular des Pop findet, ist er Pop-Musiker in einem vertieften Sinne, in jenem Sinne, den er Miles Davis attestiert hatte. Insofern es ihm gelingt, aus diesem Vokabular und dieser Grammatologie einen neuen Stil zu entwickeln, dessen Reiz gerade in der Engführung dieser unterschiedlichen Quellen großer Künstlerschaft besteht, die er zu einem erhabenen Verständnis von Originalität zusammensetzt, ist er ein großer Postmodernist. Die Postmoderne versteht Künstlerschaft als die Schaffung großer Meisterwerke auf der Basis bereits vorhandener Meisterwerke der Klassischen Moderne aber in einem höchst originellen Sinne, — auf keinen Künstler (und dessen Künstlertum) trifft diese Definition in einem solchen Maße zu wie auf Prince.

Gelehrsamkeit

Have you, too, become a Prince-scolar now?, fragte mich eine gute Freundin, als ich ihr dieses Buch ankündigte. Sie lebt in Amerika und dort werden viele Prince-Kenner als *scolars* bezeichnet: Duane Tudahl, Questlove, für Phasen auch Susan Rogers oder die Mitarbeiter von Sunset Sound. Spätestens aber mit Paisley Park wird die Gelehrsamkeit fragwürdig. Niemand weiß wirklich, wie Prince *es gemacht* hat. Wir haben unendlich viele Zeugenberichte, aber es ist alles *oral history* (mehr dazu später). Wahre Gelehrsamkeit kann sich nur an dem objektiven Material festmachen, das in Form von Musik, Filmen und Fotos vorliegt. Nur hier ist eine echte Interpretation möglich. Die Kunst ist interpretierbar, die *oral history* ist nur *circumstancial*. Neben dem Prince-*scolar*, der ein Musik- und (postmoderner) Kunsttheoretiker sein muss, kann es den Prince-*historian* nur als einen Sammler und Verwalter dieser *oral history* geben.

Es macht hier keinen Unterschied, ob man viel oder wenig über einen Song weiß. Das popkulturelle Mysterium eines perfekten Songs besteht in der Unaussprechlichkeit seines Geheimnisses. Wenn Jimmy Jam sagt, dass sein Lieblingssong von Prince *Lady Cab Driver* ist, weiß ich, warum. Wenn Santana unmittelbar nach

Princes Tod als Hommage ausgerechnet *Last December* spielt, verstehe ich diese Geste. Wenn Robert Plant sagt, dass für ihn in *Lovesexy* erotische Geheimnisse enthalten seien, die ihn überwältigen könnten, sagt dies viel über Prince *und* Robert Plant. Zwischen diesen Künstlern verläuft eine Spur, die die wahre Signatur dieses immateriellen Prince und seiner Musik ist, ein *Signé: Prince,* das ein *Écouté: Prince* wäre.

Ich habe auf diesen Komplex in meinem Paris-Buch mit der Adresse *60, Avenue Foch* verwiesen. Es ist der Abdruck einer jener Persönlichkeiten, die in der kulturarchäologischen Stadtlandschaft von Paris ihre Spur, ihre Signatur hinterlassen. Ich habe viele dieser Persönlichkeiten am Rande gestreift, Genette, Barthes, Perec, aber auch die Mandarine Malraux, Jack Lang und Pierre Nora, aus der Ferne grüßten die Kunstmäzene Pierre Bergé und Arnault/Pinault. Prince war immer jene Figur im Hintergrund, die durch das Gemälde huscht, hier auftaucht, nur um sofort wieder zu verschwinden. Es wird Zeit, eine gewisse Gelehrsamkeit darauf zu verwenden, diese Signatur nachzuziehen.

oral history

Die Geschichte wird von Ereignissen geschrieben, die *oral history* von Anekdoten. Die Ereignisse sind nur die Außenseite einer geheimnisvollen und verwirrenden Entwicklung, über die Weggefährten aus erster Hand berichten. Die *oral history* ist deshalb in der Postmoderne populär geworden als die Geschichtsschreibung der unterprivilegierten, unsichtbaren sozialen Gruppen und Individuen. Prince kommt aus diesem Milieu, aber seine Unsichtbarkeit ist selbstgewählt. Die Unbestimmtheit seiner Existenz ist eine wichtige Ingredienz seines Erfolges *(am I black or white, am I straight or gay, Controversy 1981)*. Eine spezielle Form der *oral history* ist der Mythos, eine unbestimmte historische Erzählung, eine bestimmte unhistorische Sinngebung.

Die Historiographie ist eine Wissenschaft, die ihre Aussagen begründen, belegen, verteidigen muss. Die Kulturgeschichte ist eine Lektüre zwischen dieser Wissenschaft und der Möglichkeit einer alternativen Kulturgeschichte, in der alles anders wäre (eine Improvisation hierzu ist mein Roman *Das Labyrinth im Schloss der Melancholie)*. Diese alternative Kulturgeschichte könnte sich entlang der Daten der oral history entlanghangeln. Wir lesen eine unzugängliche (und wahrscheinlich unvorstellbare) Ebene der Wirklichkeit von einer Anekdote zur nächsten. Und alle bleiben angeheftet an einen Song. Die Spur der Alben ist die Substanz einer künstlerischen Entwicklung, die sich völlig unberührt von der sonstigen popkulturellen Geschichte vollzogen hat, aber gleichzeitig überall durch Anekdoten der *oral history* auf jenen großen Zusammenhang zurückbezogen wird. So entsteht ein Mythos, der seine eigene künstlerische Kohärenz gewinnt.

Die Gelehrsamkeit und die unendlich vielen Anekdoten der oral history geben dem unaussprechlichen Vergnügen des Hörens jene Gravitas, die auch Dein Leben signiert. Dieser Hör- und Leseprozess gehört den Tränen.

Bild

Neben der Musik ist das Bild die transzendentalste Kategorie einer Beschäftigung mit Prince. Dabei entfernt sich diese Kategorie *Bild* von dem konkreten Bild, etwa einer einzelnen Fotografie, hin zu jenem Gesamtbild, das bei Prince sofort im Kopf erscheint.

Beginnen wir in unserem Experiment mit einer Schicht dieses Bildes, dem *Look*. Welcher Prince darf es sein? Der Dirty Mind-Bad Boy (den ich für das Cover gewählt habe, weil das Bild gemeinfrei ist)? Der *Purple Rain*-Glamour Rock God mit hohen Locken, Spitze, lila Mantel und Stiefeln? Der *Under the Cherry Moon*-Gigolo mit kurzen Haaren und raum- und zeitloser Klassizität? Der *Sign o'the Times*-fun guy mit Brille, Ledermantel und peach-farbener Cloud-Gitarre? Der Prince of Nazareth in seiner Jesus-Phase von *Lovesexy* bis *Graffiti Bridge* oder, nur ein Jahr später, der Prince der frühen Neunziger mit Turmfrisur, komplizierten Bartmustern und ass-out-pants, der treusorgende verlässliche *family guy* von *Emancipation*, der kurzhaarige Anzugtyp der Nullerjahre oder der afro-futuristische Rocker der *3rd Eye Girl*-Phase? Und vermutlich wird sich jeder Fan am meisten mit jener

Inkarnation identifizieren, in der er Prince kennen- und liebenlernte, selbst wenn er den Look einer anderen Epoche unter Umständen origineller findet.

Eine oberflächliche College-Interpretation der Postmoderne wird hier sagen: Er erprobt unterschiedliche Identitäten blablabla. *Bullshit! You can't get off!* Der Look ist *the look of music.* Es geht nicht um Prince, schon gar nicht um irgendwelche dämlichen Identitäten. Der Look ist die Komposition, die Instrumente, das Arrangement, die Band-Konfiguration, die Tracklist der Konzerte, die Plattencover, die Videos, die Frisur, die Kleidung, die Attitüde. Das alles ist Musik. *1999* wird immer einen speziellen Look haben, *Kiss* immer einen anderen, *shhh* wieder einen anderen, und immer so weiter bis *Somewhere Here On Earth* und *Way Back Home.*

Das *Cinema du Look* war eine der großen cinematischen Inventionen der Achtziger mit Filmen von Luc Besson und Jean-Jacques Beineix, wir wissen, dass Prince *Diva* mit Peggy McCreary in Los Angeles sah, — er war derjenige, der dieses Verständnis auf die Musik übertrug. Das ist übrigens ein Unterschied zu dem Look bestimmter Subgenres in den Achtzigern, etwa den New Romantics, die immer mit Purple Rain in Verbindung gebracht werden — es ist *the look of music,* Purple Rain wird auch in anderen Kostümen immer diesen Look haben.

Im Gegensatz zu den Verkleidungen oder Inszenierungen, die man von schlechten Bands oder gar Casting-Zombies kennt, ist dieser Look der Musik eine attitude, ein Lebensgefühl, gleichzeitig provocation und confidence. Prince zog sich nicht anders an, er führte ein anderes Leben. Dazu gehörte Kleidung, dazu gehörten Instrumente, dazu gehörte eine Stimmung. Und wenn diese vorbei war, war sie vorbei und wurde achtungslos weggelegt. Prince hatte eine dunkelblaue, mit Blumen bemalte Telecaster, die er in Kombination mit einem Trenchcoat und einem Flamenco-Hut immer nur für das Lied *America* (1985) spielte (es gibt eine sensationelle Live-Aufnahme mit einem seltenen Drum-Solo). Später sieht man diese Gitarre im Lagerkeller von Paisley Park auf einem der vielen Gitarrenständer. Er hatte sie nie mehr gespielt, nie wieder einen Gedanken an sie verschwendet, das Lied *America* war aus seinem Leben verschwunden.

Für den Außenstehenden ist erst dies das vollständige, das transzendentale Bild von Prince, in einem Moment, an einem Ort, in einem Look, an genau dieser Stelle seiner Entwicklung. Die Magic des Pop. Hier. Jetzt. Nichts anderes. Zeuge sein dieses Moments. Es bedeutete für Prince und für den Zuschauer und Zuhörer in den Worten Rolfdieter Brinkmanns:

Auf einmal
da war ich,
an dieser Stelle
in meinem Leben.

Bildverweigerung

Wie kann ein Künstler gleichzeitig bildbesessen und bildverweigernd sein? Welche Ambivalenz der Postmoderne artikuliert sich in dieser Paradoxie?

Der größte postmoderne Bildverweigerer ist natürlich Thomas Pynchon. Von ihm existiert bekanntlich kein aktuelles Foto seit dem Portrait bei der Aufnahme in die Navy. Aber es ist umgekehrt ein Kult entstanden um die zwei nachweislich echten Paparrazzo-Fotos vom Ende der Neunziger- und vom Ende der Nullerjahre. Und selbstverständlich hat die Postmoderne einen Weg gefunden, diese Bildverweigerung in eine Bildbesessenheit dialektisch zurückzubinden: In der berühmten Simpsons-Episode steht Pynchon am Straßenrand mit einer *brown paper bag* über dem Kopf und einem riesigen Leuchtschild, auf dem er sich outet und Autogramme anbietet.

Die letzte Single, die aus *Purple Rain* ausgekoppelt wurde, war *I would Die 4 U*, das Video dazu zeigt eine Live-Version der Tour, mithin jenen euphorischen Triumph einer mitreißenden Tanz-Hymne. Ein halbes Jahr später erschien *Raspberry Beret* in einem völlig anderen Stil, psychedelisch, introvertiert, aufrichtig, heiter.

Ein ungeheurer Sprung, dennoch vielleicht gerade noch als eine manieristische Überbietung des *Purple Rain*-Stils interpretierbar, — aber wie interpretiert man dann den Umschlag von diesem Stil in den Look und Stil von *Kiss?* Und dann *Girls and Boys?* Die Neuetablierung derartig gegensätzlicher Bilder gelingt nur durch eine zwischenzeitliche Bildverweigerung. Die Raupe muss sich verpuppen, um nach einer Phase der Bildverweigerung als Imago wiedergeboren zu werden. Wenn man natürlich die Postmoderne immer nur klischeehaft als Zitat und Bricolage missversteht, wird man nicht ermessen, welche Signifikanz diese postmoderne Metamorphose hat. Ich habe sie bei einer Interpretation der postmodernen Sprachen des Möbeldesigns und der Designmöbel am Beispiel der Stile von *Memphis* und *Moooi* herausgearbeitet (wieder in *Hier. Jetzt.*), man versteht sie aber auch bei einer integralen Interpretation des Gesamtwerks von Thomas Pynchon: So ähnlich sich die Romane im Stil untereinander sind (aus Gründen, die ich in *Die Furien des Erfindens* herausgearbeitet habe), so sehr ist jeder einzigartig, sie sind nicht aufeinander bezogen, sie überlappen sich zeitlich nicht, zwischen ihnen allen liegen distinktive Differenzen, gewissermaßen Distanzen, gerade im Hinblick auf historische Zeit. *V* spielt in der distanzierten Nachkriegszeit, *Gravity's Rainbow* vor dem Ende des Krieges, *The Crying of Lot 49* in der damaligen Gegenwart, *Vineland* in den späten Achtzigerjahren, *Mason & Dixon* im 18. Jahrhundert, *Against the Day* im späten 19. Jahrhundert und entsprechend weiter. Selbst die Romane, die in Bezug auf ihr Erscheinungsdatum in der Gegenwart spielen, beziehen sich jeweils auf andere Gegenwarten, in Bezug auf Zeit und Milieu.

In dieser typischen Art von postmoderner Panoramatik muss man sich auch die Musik von Prince vorstellen, nur eben von Song zu Song, in Bezug auf Stil, Look und Gegenwärtigkeit.

Stil

Machen wir gemeinsam einen kleinen Gedankenspaziergang durch die musikalische Stilistik der Siebzigerjahre, zunächst durchstreifen wir das Rasenlabyrinth der E- und Avantgardemusik, anschließend kommen wir an der künstlichen Grotte des Fusion-Jazz vorbei und genießen das Panorama auf Progressive Rock und P-Funk. Erst dann können wir zurückkehren in den eleganten Salon der Achtzigerjahre. Der Begriff des Stils ist ein sehr schillernder, deshalb wollen wir uns ihm phänomenologisch annähern.

Die letzte große Gestalt der Klassischen Moderne war Alfred Schnittke, — und er war gleichzeitig derjenige Komponist, der sich in dieser Eigenschaft an der musikalischen Postmoderne abarbeitete. Zu Beginn der Siebzigerjahre schrieb er sein *Concerto grosso Nr. 1,* darin ist vor allem der fünfte Satz, das Rondo, ein Schlüssel zu dieser Dialektik. Im Gegensatz etwa zu Karlheinz Stockhausens *Gruppen* aus den späten Fünfzigerjahren oder Pierre Boulez' *Pli selon Pli,* dessen Wurzeln ebenfalls in diese Zeit zurückreichen, die mit ihrer schneidenden, eiskalten Modernität Spätwerke eines Prozesses sind, der in direkter Linie auf Schönberg und Webern zurückverweist, befragt Schnittke die klassische Sonatenform und setzt aus den Bruchstücken ein neues, dramatisches Ganzes zusammen. In seinem Werk ist ein Kampf um die Wiedergewinnung einer Tonalität zu spüren, die zur selben Zeit auch von Philip Glass in seiner *Music in twelve Parts* oder von Steve Reich in *City Life* gekämpft wird. So wie Schnittke dabei auf spezifisch russische Traditionen bei Prokofjev und Schostakowitsch zurückgreift, um seine Version der Polystilistik auszuformen, so ist es im avantgardistischen New York der Zeit die Minimal Music. Auch diese stellt die Frage nach der Tonalität durch Wiederholung und Variation traditioneller musikalischer Gesten und erreicht damit eine Anschlussfähigkeit und Popularität, die Philip Glass zu einem der zentralen Filmkomponisten der letzten Jahrzehnte gemacht hat, — übrigens wie auch Schnittke. Dies führte unter anderem zu den Crossover-Experimenten einer *Heroes*-Symphony, in der Glass in den einzelnen Sätzen Versatzstücke von Tracks des gleichnamigen Albums von David Bowie verarbeitete. Steve Reich hingegen wurde von einer Generation junger elektronischer Musiker entdeckt, die seine Stücke z.B. mit den Mitteln des Samplings dekonstruierten und als surrealen Pop wieder zusammensetzten, so etwa DJ Spooky mit *City Life* (auf dem Album *Reich Remixed*). Ähnliches geschah im Jazz, als die Vertreter des Fusion Jazz, etwa Weather Report oder John McLaughlins Mahavishnu-Orchestra in ganz ähnlicher Weise (und durchaus postmodern) klassische sinfonische Formen als Artikulation ihrer Kompositionen wiederaufgriffen (z.B. *Unknown Soldier* von Weather Report, 1972). Zu dieser Zeit waren im Progressive Rock ähnliche Experimente angesagt (z.B. bei Emerson Lake & Palmer). In diesem musikalischen Klima gelang Frank Zappa dann auch seine mühelose (und zutiefst postmoderne) Integration von Webern, Varèse, George Duke, der amerikanischen Musical- und Vaudeville-Tradition, komplexem Rock und chartgängigen Pop-Stücken. Seine Texte und die visuelle Gestaltung, der Look seiner Musik, machen sein Werk zu einer musikalischen Parallele zu Pynchons Romanwerk. Hatte er seine „Orchesterwerke" ursprünglich als Arrangements für seine Bands eingespielt, begann er 1983 damit, seine Stücke unter den Dirigaten von Pierre Boulez und Kent Nagano mit Sinfonie-Orchestern einzuspielen (allerdings auf eigene Kosten, er benutzte die Einnahmen seiner Chart-Hits und Rock-Tourneen zur Quersubventionierung seiner Klassik-Ambitionen).

Diese Vorgeschichte zeigt, dass Prince in den Achtzigerjahren auf eine umfangreiche Vorarbeit anspruchsvoller Crossover zurückgreifen konnte, um diese zu einer klassischen Interpretation von Pop-Kunstwerken zu nutzen. Seine Polystilistik ist insofern nicht einfach Eklektizismus, sondern eine neue Stufe populärer Integration postmoderner Wissenswelten. Seine Popmusik hat ein Gedächtnis, die Zitate stehen aber nicht collagiert nebeneinander, sondern sind zu einer neuen, höheren Einheit verschmolzen. Dies zeigt sich allein schon darin, dass Prince jedes seiner Stücke in jedem nur denkbaren Stil arrangieren konnte, wie Miles Davis anmerkte: *Der größte Arrangeur seit Duke Ellington.*

Im Grunde verdankte die ganze Pop-Musik ihre Existenz einer solchen Singularität um 1965. Die damalige Innovation einer völlig neuartigen populären Musik entstand nur in der Amalgamierung von Rock'n'Roll, Beat, Doowop, Blues, Folk und dem damaligen R'n'B. So wie mit den Stones, den Yardbirds and dann Jimi Hendrix und Cream der Blues elektrifiziert und arrangiert wurde, so entwickelten Beatles und Beach Boys immer wieder neue klangliche Innovationen, die über den Beat und den Surf-Sound hinausgingen. The Who machten ihr Verständnis von *Maximum R'n'B* sogar zu ihrem expliziten Programm. Und spätestens 1968 war daraus ein Vokabular und eine Grammatik entstanden, die von den großen Innovatoren dieser zweiten Phase enzyklopädisch genutzt werden konnte. Um 1980 war es wieder so weit. Diesesmal galt es die schwarze Musiktradition zu integrieren, den Soul, den Funk, aber auch den Punk, den New Wave-, Post-Punk und New Romantics-Sound. Wieder entstand ein Klassizismus, der am Ende der Achtziger wieder auseinanderfiel. Alle großen Vorbilder von Prince waren solche Crossover-Vereiniger: James Brown mit Soul und Funk, Jimi Hendrix mit Rock, Blues und Psychedelia, Sly and the Family Stone mit Funk, R'n'B und auch Rock, Santana mit Rock, Blues und Latin, später dann Nile Rogers mit seinem unwiderstehlichen Chic-Sound aus Funk, Disco, R'n'B und New Wave, der ihn gleichermaßen und gleichzeitig zu *I'm Coming Out* von Diana Ross und *Let's Dance* von David Bowie führte.

Prince konnte spätestens mit *Purple Rain* alles und alles gleichzeitig. Den überlebensgroßen Stadionrock von *Let's Go Crazy*, die New Wave-Ballade *Little Red Corvette*, die punkhysterische Soulballade *The Beautiful Ones*, die Folkrock-Ballade *Take Me With U*, der hemmungslose Dance-Kracher *I Would Die 4 U* und natürlich das Zentrum all dieser Alchymie: Der Gospel-Funk-Punk-Rock von

When Doves Cry. Und er konnte jedes in jedes andere verwandeln. Und wir sahen noch immer gerade nur die Oberfläche. Darunter lagen so viele noch exzentrischere Kompositionen, die man erst posthum in ihrer enzyklopädischen Vielfalt wirklich begreifen konnte: *Moonbeam Levels, The Dance Electric, Roadhouse Garden, Velvet Kitty Cat, Wonderful Ass, Erotic City, 17 Days,* um nur die naheliegendsten zu nennen. Innerhalb von zwei Jahren werden noch Stücke wie *Can I Play With U, Expert Lover, All My Dreams, Heaven* oder *In a Large Room with no Light* hinzukommen. Die zwei Konzerte des Montreux Jazz-Festival 2009 zeigen diese Vielfalt, Virtuosität und Klassizität am deutlichsten.

Alben

Für Prince war die kleinste Einheit seiner Musik das Album, er hat dies immer und immer wieder betont. So lange Alben auf Vinyl herauskamen, waren sie zweimal zwanzig Minuten lang, fünf Stücke auf der ersten, vier auf der zweiten Seite. So ist *Purple Rain* (1984) gebaut, aber auch *Around the World in a Day* (1985), das *Batman*-Album (1989) und umgekehrt, mit vier plus fünf, *Lovesexy* (1988). Das *Black Album* (1987) hat vier plus vier, ebenso *Dirty Mind* (1980). *1999* (1982) und *Sign o'the Times* sind Doppelalben, *Parade* (1986) ist eine Ausnahme. Das Album ist ein Roman, die Tracks sind die Kapitel. Sie können nur in dieser Reihenfolge stehen. Es gibt einen Opener, der den Stil vorgibt und manchmal das titelgebende Programmstück ist (*For You* (1978), *Dirty Mind* (1980), *Controversy* (1981). *1999* (1982), *Around the World in a Day* (1985), *Parade* (1986), *Sign o'the Times* (1987) und *Come* (1994) sind so aufgebaut), nur *Purple Rain* (1984), *Batman* (1989) und die *Gold Experience* (1995) haben das Programmstück am Ende. Die Artikulation dieser Romanreihe ist eine bewährte Architektur mit Variationen.

Es gibt einen sehr überschaubaren Club genialer Künstler, die in einer ähnlichen Weise über Jahre konsistente Perfektion hervorgebracht haben: Led Zeppelin von *I* (1969) bis *Physical Graffiti* (1975) sechs Alben hintereinander, Pink Floyd von *Echoes* (1971) bis *Animals* (1977) oder meinetwegen *The Wall* (1979) vier oder fünf Alben, Radiohead von *The Bends* (1995) bis *The King of Limbs* (2010) sieben Alben und schließlich Björk von *Debut* (1993) bis *Medulla* (2004) mit fünf Alben. Für die Beatles, die Who, Jimi Hendrix, Bob Dylan, Marvin Gaye und Stevie Wonder könnte man vermutlich ähnliche, aber kürzere, vielleicht unterbrochene Strecken der Genialität finden. Genialität in Pop-Musik in dieser Definition artikuliert sich in solchen Album-Ketten. Sie sind Biographien seltener Glücksfälle, die über den Einzelkünstler hinausragen, ein Leben in sich selbst entwickeln.

Das Album in den Achtzigerjahren war ebenso ein Ausdruck dieses Look wie die äußere Inszenierung. Die wirklich großen Alben der Achtziger sind epochale Sinfonien: Laurie Anderson: *Big Science*, Duran Duran: *Rio*, The Smiths: *The Queen is Dead*, Talking Heads: *Little Creatures* (oder *Naked*), Talk Talk: *The Colour of Spring* (oder *Spirit of Eden*), Eurythmics: *Revenge*, U2: *The Joshua Tree*, The Cure: *Disintegration*, alle über den perfekten Song hinaus perfekte Alben. Und zu all diesen Alben verhalten sich die von Prince wie ein außerirdisches Raumschiff.

Nach *Lovesexy* (1988) und *Batman* (1989) waren die Alben CDs und hatten typischerweise eine Dauer von etwas über 70 Minuten, fast ein Doppelalbum. Allerdings gab es auch solche, die nach der traditionellen Artikulation und Dauer konstruiert waren, so *Come* (1994) und *Chaos & Disorder* (1996). Dann aber, mit Emancipation, entwickelte Prince das Format der dreifach-CD mit insgesamt 180 Minuten und 36 Songs. Anschließend wechselte er Albumformate, -Konzepte, Distributionsformen und -wege so stark ab, dass man es kaum interpretieren kann. Gemeinsam ist all diesen Überlegungen aber die Vorstellung, dass der Einzelsong nichts ist ohne sein Album, dass das Album *alles* sein kann.

Konzerte

Prince hat in seiner Karriere zwischen ersten Probekonzerten 1979, einer Tour als Opener für Rick James 1980 und dann für die Rolling Stones 1981, vielen, vielen eigenen Tourneen, bis hin zu jenen letzten Konzerten 2015/16 der gerade erst anlaufenden *Piano & a Microphone*-Tour eine ungeheure Menge an Konzerten gespielt, er war auch in dieser Hinsicht einer der produktivsten Künstler aller Zeiten, — und jedes dieser Konzerte war einmalig, war improvisiert, war ein Hochamt musikalischer Anbetung.

Manche dieser Konzerte ragen durch ihren Mythos heraus, hier sind prominente Beispiele:

New York, The Ritz Club, 9. Dezember 1980 und 22. März 1981:
Beim ersten Konzert kam es zu einer folgenschweren Begegnung mit Andy Warhol, der für den Rest seines Lebens immer wieder zu Prince-Konzerten erschien und eine 12-teilige Portrait-Serie anfertigte, außerdem war dies eines jener Konzerte, die für Prince als Artist's Artist bestimmend wurden. Neben Warhol waren alle Mitglieder von *Kiss* anwesend (Gene Simmons erschien mit seiner damaligen Partnerin Diana Ross), außerdem Nile Rodgers, mit seinem *Chic*-Kollegen Tony Thompson. Kaum 24 Stunden zuvor

war John Lennon einige Kilometer nördlich erschossen worden, was Prince in seinem Lied *Annie Christian* (1981) thematisiert. Drei Monate später kehrte er ins Ritz zurück, dieses Mal waren mindestens Mick Jagger und Daryl Hall im Publikum, unbestätigten Aussagen nach sollen auch David Bowie, Freddie Mercury und Steve Jones von den *Sex Pistols* anwesend gewesen sein. Dieses Konzert veranlasste Mick Jagger, Prince für eine Reihe von Konzerten in Los Angeles in jenem Sommer als *support act* einzuladen (was legendärerweise furchtbar schief ging). Diese New York-Erlebnisse im damals ungeheuer angesagten Ritz inspirierten den Song *All the Critics Love You in New York* (1982). Von diesem zweiten Konzert existiert ein nicht ganz vollständiger Videomitschnitt auf YouTube, an dem man sehr genau erkennen kann, wie aufregend Prince damals war. Seine Gitarrensoli und auch sein Funk-Rhythmusspiel sind bereits sensationell, seine *vocals* sind eindrucksvoll, die Arrangements sind elegant, die Band funktioniert perfekt. Die wahre Sensation (auch und gerade damals) ist seine extrem suggestive Performance zu einer 10-Minuten-Version von *Head*, von der es viele Elemente bis in den *Purple Rain*-Film schaffen werden. Man vergisst beim heutigen Zuschen und Zuhören, dass Prince damals gerade 21 Jahre alt war und bereits die Crème aus Rock und Funk verwirrte und begeisterte. Hier beginnt sein Mythos.

Dortmund, Westfalenhalle, Lovesexy-Tour 1988:
Nach den riesigen 1999- und Purple Rain-Touren war die Parade-Tour eher kürzer ausgefallen und die Sign o'the Times nur nach Europa kam, war Lovesexy das größte Ereignis seit

Purple Rain, vor allem wegen der zentralen Bühne und der aufwendigen Choreographie. Das Konzert wurde für ein Pay-per-View-Event aufgenommen und liegt deshalb in hervorragender Bild- und Tonqualität vor. Es ist in jeder Hinsicht ein Höhepunkt der Entwicklung von Rockkonzerten und der Inszenierung und Visualisierung von Musik. Außerdem ist die hauptsächlich vom *Lovesexy*-Album stammende Musik die komplexeste, die Prince jemals auf Vinyl und Bühne gebracht hat und wird noch durch phantastische instrumentale Soli und Improvisationen meisterlich ergänzt. Einziges Ärgernis: Dass das deutsche Publikum keinen Takt halten kann.

Montreux Jazz Festival, 18. Juli 2009, Zwei Shows nacheinander:
Vielleicht zwei der perfektesten Konzerte, jedenfalls mein Meditationsinhalt, wenn es um die Musik von Prince geht, zum Glück in einer perfekten Aufnahme auf YouTube nachzuerleben, auch wenn ich gerne eine BluRay hätte. In Quartettbesetzung erzeugt diese Band eine musikalische Komplexität ohnegleichen. Prince schafft eine ganze Enzyklopädie avancierter Gitarrentechniken, eine ungeheuer kraftvolle Version von *Spanish Castle Magic*, eine emotional unglaublich aufreibende Version von *Empty Room* und pure Magie bei *Stratus* oder *In a large Room with no Light*. Der amerikanische Moderator Tavis Smiley, wohl ein langjähriger Freund von Prince, berichtete nach dessen Tod, dass er nach diesem Konzert ein sehr intensives Gespräch mit ihm hatte. Sie seien stundenlang auf der Dachterrasse der (vermutlich) *Quincy-Jones-Lakeview-Suite* des *Fairmont Palace* gesessen und Prince hatte, etwas mehr als drei Wochen nach Michael Jacksons Tod, in

unerwarteter Weise über Sterblichkeit gesprochen. Man kann sich vorstellen, dass diese Perspektive auch Planung und Durchführung der zwei Konzerte informiert hat.

Atlanta, Piano and a Microphone-Tour 14. April 2016, vier Tage vor seinem Tod:
Nichts kann diese zwei Konzerte an Dramatik übertreffen, aber gerade auch die musikalische Qualität ist unbegreiflich. Allein die Versionen von *Heroes* und *Waiting in Vain* gehören zu dem Interessantesten, das Prince jemals gespielt hat. Es gibt gute Tonaufnahmen und auch einzelne Videomitschnitte auf YouTube. Taschentücher und Alkohol bereitstellen, unbedingt alleine anschauen.

Alle sonstigen Konzerte, Ausschnitte, Auftritte bei Awards sind ebenso sehenswert und gehören auf YouTube zu den am meisten gesehen und kommentierten Liveaufnahmen. Die erstaunliche Leistung aber, gleichzeitig der beste Komponist, Arrangeur, Instrumentalist, Sänger und Tänzer aller Zeiten zu sein und dies in solchem Umfang, solcher Coolness und Perfektion auf die Bühne zu bringen, ist eine eigene erstaunliche Leistung.

piano

Mit dem Klavier begann und endete die Künstlerschaft von Prince. Es war das erste Instrument, das er erlernte und das Zentrum seiner letzten Tournee, seiner letzten Konzerte. Prince war ein herausragender Pianist, auch im Jazz (es gibt eine Live-Aufnahme von einem Soundcheck der Nude-Tour, wenn er in einem leeren Stadion auf offener Bühne mit der Band eine spontane Version von *Summertime* spielt und den anderen Musikern jeweils die Akkorde ansagt). Aber auch die Verwendung des Klaviers in Blues, Ballade und Jazz ist eine Crossover- oder Fusionsleistung: *How Come U Don't Call Me Anymore?* (1982), *Condition of the Heart* (1985), *Power Fantastic* (1986), *When the Lights Go Down* (1999). Prince kam aber am meisten zu sich, wenn er, häufig in Sunset-Sound an einem Standklavier, an dem bereits die Doors aufgenommen hatten, stundenlang improvisierte, durchaus vergleichbar den Klaviermeditationen von Keith Jarrett. Solche Aufnahmen kursieren vielfach, das berührendste Dokument dürfte allerdings das posthum herausgebrachte Album *Piano and a Microphone 1983* sein, in dessen Jam Prince erstmals *Purple Rain* entwickelt. Das Abschlussstück *Why the Butterflies?* und das von Spike Lee im Abspann von *KKKlansman* verwendete *Mary Don't you Weep* fangen diese intime Stimmung besonders gut ein. Aber auch die bereits empfohlenen Konzertaufnahmen von Lovesexy mit einem Balladenmedley und natürlich das letzte Konzert sind Beispiele dieser intimen Vertrautheit. Hier entsteht ein Gegensatz zu der Extroversion der Gitarrensoli, wodurch das ganze emotionale Spannungsfeld in Komposition und Performance erkennbar wird.

Gerade in dieser Dualität des emotionalen Aus- und Eindrucks zeigt sich die Ambivalenz des Menschen in der Postmoderne, der Heroismus der Gitarre als Projektion der intimsten Geste, die Klassizität des Klaviers als Projektionsraum der Zeitlosigkeit. Was immer Look und Identitätsspiel bedeuten, hier wird es konstitutionell musikalisch.

guitar

it's on the verge of being obscene
Prince

Jedes Gitarrensolo ist eine Zeitmaschine. Zunächst steht die Zeit still, wenn man es zum ersten Mal, womöglich live, hört. Dann wird es zu einer Möglichkeit, in die Vergangenheit zurückzureisen, als wäre man mit auf der Bühne gestanden. Man reiche mir meine Gitarre. Ich will phrasierend und improvisierend in das Geheimnis dieses Gewebes eindringen, das nächste, was dem nahekommt, in Musik zu sagen, was Musik sei, ohne es zu sagen, einfach die Musik sprechen zu lassen, ohne, dass sie etwas sage, was jemand, dessen Finger sich in diesem Moment nicht am Griffbrett zerschnitten, nicht verstehen könnte. Jeder große Solo-Gitarrist hatte darin eine eigene Art zu sprechen:

Bei Jimi Hendrix ist es - Entschuldigung - der Sex, der aus der Gitarre tropft, strömt, so wie er die Saiten ungeduldig beißt, nachlässig hin und her zieht, fragend beleckt und doch dann zügig zum Orgasmus bringt, mit wegwerfender Geste: Das war's. *Little Wing. Man kann es nicht anders sagen:* Jimi Hendrix hat die moderne Rock-Gitarre erfunden. Selbstverständlich gab es vorher Gitarristen, großartige, einmalige Gitarristen, vor allen Dingen im Blues, aber die gegen Ende der Fünfzigerjahre erfundenen Elektrogitarren von Fender und Gibson, deren Zielgruppe die Country-Musik war, hat niemand so sehr gegen den Strich gespielt wie Hendrix. Hier beginnt die Entwicklung, die später mit den Dive Bombs, dem Double-Tapping, den vielen Tricks von Steve Vai und dem Kaoss-Pad bei Matthew Bellamy (vielleicht) ihr Ende fand: Die Gitarre nicht zum Spielen von einzelnen Noten nacheinander zu nutzen, sondern ihren Ton, ihre Geräusche, ihre assoziative Harmonik über das Spiel zu verschschmieren, schmutzig zu spielen, uneigentlich zu spielen, jene Geräusche zu erzeugen, die den Hörer sofort ansprechen und die er sich dennoch nicht erklären kann. Hendrix lebte seine Rückkopplungen, er entwickelte seinen Gitarrenton aus dieser schmutzigen Beziehung aus Tonabnehmer, Mikrofon und Lautsprecher. Nirgends hat er dies so programmatisch umgesetzt wie in *Foxy Lady,* das ganze Stück ist tatsächlich aus der lauter werdenden Rückkopplung am Anfang heraus entwickelt. Der Gedanke, dass ein Gitarrenlick oder Solo aus einem solchen Ton heraus entwickelt werden muss, ist immer wieder in unterschiedlichen Kontexten neu entdeckt worden. Bei jedem Solo von Prince kann man studieren, wie jede melodische Bewegung aus diesem ersten zentralen Ton heraus entsteht (auch bei seinem wohl berühmtesten Solo zu *While my Guitar gently weeps).* Hendrix hat dies und vieles andere völlig neu erfunden und damit die moderne Rock-Gitarre in dem gleichen Maße erfunden wie Orson Welles den modernen Film mit *Citizen Kane.*

Jeff Becks Gitarre singt nicht nur, ihr Sehnen seufzt aus ihrer klingenden Stimme, sie hat alles schon einmal gesagt, aber noch nicht auf diese Weise. Ihr Klang ist in sich so differenziert, dass all dies Sehnen technisch in einer Note stattfinden kann. *Cause we've ended as lovers.* Mit Tal Wilkenfeld. Sein Spiel illustriert mit der Unverwechselbarkeit und Tiefe des Tons, dass nicht das Instrument entscheidend ist, sondern die Art, wie man es anfasst: Generationen von Gitarristen haben sich gefragt, welche spezielle Bauform oder Tonabnehmer für diesen Ton verantwortlich seien, bis ihm jemand eine Standard-Strat reichte und er ihr ansatzlos den Jeff-Beck-Ton entlockte. Wenn man seine Hände, seine Finger einmal angeschaut hat, weiß man: Nicht die Gitarre spielt, sondern die Finger.

Ganz anders dabei Jimi Page. Sein Spiel ist Erforschen, Nachforschen, Katalogisieren, Ausbaldowern, jedes Stück bekommt seine eigene Behandlung, sein Picking, Strumming, den geklopften Power-Chord, den Geigenbogen, den DADGAD-Exotismus, den Danilectro-Klang, die gloriose Rückkehr der Les Paul, die Coda. *Achilles Last Stand.* Er steht paradigmatisch am Beginn einer langen Reihe von (nennen wir es:) *akademischen* Spielern, bei denen technische Brillianz und nicht spontane Improvisationsfähigkeit im Vordergrund steht. Jimi Page hat eine bübische Neugier und die Geduld eines jungen Menschen, es ist, als hätte er gerade seine erste Les Paul zu Weihnachten bekommen und seither ununterbrochen geübt. Das erstaunt nicht, wenn man weiß, dass seine Wurzeln in der Skiffle-Musik lagen, bei der man sich ein solches Gerät wie eine moderne Les Paul nur wünschen konnte. Und für Page ist die Gitarre tatsächlich ein Gerät, eine Maschine, der er alle Möglichkeiten bis zum Rand des Machbaren entlocken möchte.

Dagegen der *Woman's Tone* Claptons, fast schon cheesy in seiner Verführerkraft, fast schon unmännlich in seiner therapeutischen Geduld, aber so elegant, so reduziert, was für ein Verführer, geradezu ekelhaft! Immer nur *Layla*. Das Spiel von „Slowhand" Clapton wird von manchen als Edelkitsch verachtet, es ist aber in Wirklichkeit das Vorbild für alle melodische Sensibilität, die indirekt vom Jazz kommt und es sich im Blues gemütlich gemacht hat.

Dann die spirituelle Verschwurbelung von Santana, die Musik, zu der Generationen von Babys gemacht wurden, eine elektrische Sonorität mit Rhythmusgruppe, die direkt in den Groove abtaucht und im Synkopieren jenen höheren Sinn sucht, jenes Einswerden im Zeugen, wenn die Saiten direkt zu dir sprechen und sagen: Fass mich an! *Europa*. Santana bringt eine starke Sensibilität für den Rhythmus des Spiels direkt in seinen Ton herein. Es ist eine Präsenz, die ihm gleichzeitig ermöglicht, seine Latin-Rock-Stücke zu interpretieren, wie auch mit John McLaughlin über Coltranes *A Love Supreme* zu improvisieren.

Es ist kein Wunder, dass David Gilmours Spiel eine sehr einsame Angelegenheit ist und er deshalb immer mehrere Soli pro Stück braucht, einmal zum Eintauchen, dann wieder zum Auftauchen, seine Sehnsucht und Empfindung geht in die Tiefe, die atemlose Dunkelheit des abgründigen Ozeans, aus der die Blasen der letzten Atemzüge perlend aufsteigen: Er improvisiert über die Musik von Pink Floyd, einige der größten Stücke, die jemals geschrieben wurden. Also gut: *Comfortably Numb*. Seine Fähigkeit ist diese unglaubliche emotionale Vertiefungsfähigkeit, die die Kompositionen von Pink Floyd erfordern, ohne ins rein Psychedelische (Syd Barrett) oder ins Theatralische (Roger Waters) abzugleiten.

Und dann Frank Zappa! Der einzige, dem die Gitarre ein Orchester ist, dem jedes Solo zu einer sinfonischen Komposition, einer Erforschung von Tonalität, Randtonalität und Atonalität gerät, eine

Reise ins Land von Stravinski, Webern und Varèse, seinen Ideen zu den Grenzen von klassischer Musik, Rock, Jazz, Fusion und dem amerikanischen Musical, einem Ausdrücken von und Insistieren auf musikhistorische Ideen, die aus den Phrasen und Motiven und Strukturen seiner langen Selbstgespräche in Musiksymposien hervorströmen und immer wieder zu Intensitäten eskalieren, in denen nur rhythmisches Schaukeln die höchste Ekstase ableiten kann. *Black Napkins.* Und doch ist in diesen Phrasierungen auch etwas gesagt, ausgesagt, eine Analyse, eine Kritik, eine Polemik, ein Triumph: Hier spricht der Dirigent als Gitarrist einer politischen Musik, sicher nicht Bob Dylan, sicher nicht Sex Pistols, sicher nicht Bono, in jedem Falle *mehr*.

Aber niemals kann etwas die Einmaligkeit jener Ereignisse, jener Rundflüge im Privatjet, jener Umrundungen der musikalischen Welt in einem Tag wiedergeben, wenn Prince zur Gitarre greift. Es ist nicht eine kulinarische, sondern eine heroische Reise. Er zitiert - auch -, er evoziert - auch -, vor allem aber kommt er, um zu herrschen. Er zieht in Paris ein wie Napoleon zu Beginn der 100 Tage, er gibt einen Pressetermin im *Costes*, er gibt zwei spontane Konzerte im *Grand Palais*, er übernimmt *Le Grand Journal* wie in einem Staatsstreich, er hinterlässt eine Topographie der Lieblings-Venues, der *New Morning Club*, das *Bataclan*, das *Bains Douches*, die *Opéra Garnier* und so weiter über die ganze Welt hinweg, die Oper Sydney, der *Village Vanguard*, das *Winterland*, das *O2*, der *Tokyo Dome*, das *Paard* im Haag, natürlich *Forum Inglewood* und *MSG*, zuerst und zuletzt *First Avenue*, nein, *Paisley Park* selbst. Es sind unsichtbare silberne Fäden, die um die Welt und durch die Nächte gezogen werden. Es sind unsichtbare Flugzeuge, die über den schlafenden Kontinenten hinwegziehen wie kosmische Projektionen, es sind

Flugzeuge und Limousinen, die an Flughäfen und Luxushotels konvergieren, es sind Entourages in Bussen und SUVs, die plötzlich an einem Fernsehstudio auftauchen, über den Hintereingang in einen Club eindringen, ein Restaurant übernehmen, ein fremdes Konzert mit einem kleinen Gastbeitrag beehren, all jene vielen sympathischen Staralüren, die sich posthum zu einer riesigen titanischen *oral history of grandeur* auftürmen. *Alexa de Paris.*

Die großen Soli sind aus einer schwingenden Note entwickelt, *the line of beauty and grace*, ein zitterndes Tremolo, eine schwingende Geste des Sustain-Bars, ein Nachklang aus der Dämpfung herausgequetscht wie der letzte Tropfen aus der schweren Orange, auf dem Wah-Wah mitfedernd, die Saiten an den Vorhang der Membran gedrängt in sexuell eindeutiger Geste, um dem Atem des Raumes die Rückkopplung zu entlocken, die Finger wandern, springen, hüpfen, tanzen auf dem Griffbrett, *double tapping* wie ein Insekt auf der Oberflächenspannung des Teiches, dann wieder mit Pranken, Drücken und Reißen die Power-Chords trommeln, einschwingen in den Rhythmus, den man aus dem Holz klopft, eine neue gläserne Klarheit und spitze Intensität dringt in dein Hören und Reagieren ein, Ohr und Finger im Dialog, in Resonanz, deine Augen blicken ungläubig hinterher, sofern du sie überhaupt öffnen kannst vor strömenden Tränen und wollüstiger Trunkenheit, im *dive bomb* kommst du schreckhaft zu dir, bevor das Flugzeug sich kurz vor dem Boden elastisch abfängt, *Watermelon in Easter Hay, Black Napkins, Jungle Strut, Europa, Alexa de Paris,* alles versinkt in Tränen, *Ich weiß keinen Unterschied zwischen Tränen und Musik zu machen,* sagt Nietzsche.

Eine Schrift, die in die Musik hinein signiert ist. Was wenn die Welt schon hunderte, tausende, unendlich viele Male untergegangen wäre und nur gerettet wurde, weil jemand beim Sonnenuntergang am Meer saß und den Adagio-Satz aus Beethovens Neunter gehört hätte oder in der kurzen Nachglut des Tages das Glitzern der Wellen in sich hineintrank mit Mahler oder den Glanz des Mondes mit Debussy. Was sagt die Schrift des Gitarrensolos über diese neuerliche Rettung der Welt? Ist das Schreien der Saiten der Engelschor in einer Welt, die die Engel verdrängt hat? Warum hat die Musik noch immer diese sakrale Qualität bei Ligeti, Penderecki, Pärt? Haben die Engelschöre eine besondere Qualität der Inspiration in die Noten gegossen? Und welchen Gottesdienst zelebrierte Prince, wenn er sein Publikum fragte: *Can I play my guitar?*

bass

Offensichtlich war Prince auch ein virtuoser Bassist, interessanter scheint mir aber zu sein, dass es vor allem dieser Sinn für das Zusammenspiel der Rhythmusgruppe, Schlagzeug und eben Bass, ist, in dem der Groove entsteht, den niemand so einsetzen konnte wie eben Prince, auch wenn dies bedeutete, dass er zwei getrennte Durchgänge nacheinander aufnehmen musste. Selbst im Vergleich zu den größten Rhythmusgruppen, John Paul Jones und John Bonham bei Led Zeppelin, John Entwhistle und Keith Moon bei The Who, — Prince erreichte einen treibenderen Groove und *more tight pocket*. Diese innere Rhythmusgruppe, die er hatte, mit der er stets unglaublich vor dem Beat und *on the one* blieb, war der komplexe Kern der ungeheuren Musikalität und des unfassbaren Rhythmus- und Zeitgefühls, in dem Prince in jeder Minute lebte. Umso erstaunlicher, dass er einen seiner ikonischsten Songs, *When Doves Cry*, ganz ohne Basslinie arrangierte. Auch das ist Postmoderne: Größte Virtuosität und größte Leerstelle im Dialog.

Der Bass bietet sich auch für Duelle an, besonders sehenswert in dem *Rave in2 the year 2000*-Video am Anfang von *Kiss* mit Larry Graham in Paisley Park und in der berühmten Zugabe mit *Play that Funky Music* bei der *Welcome 2 America*-Tour im MSG mit Ida

Nielsen. Es sind gerade diese Live-Momente, in denen der dynamische Charakter, die Spontaneität und Virtuosität von Prince erkennbar werden. Er war nicht ein Musiker, er war ein Mensch, der in Musik lebte. Es ist nicht der Tod des Künstlers, der für die Postmoderne wegweisend ist, sondern die Ununterscheidbarkeit von Kunst und Künstler.

drums

Miles Davis äußerte in gewohnt provokanter Weise einmal, dass er vermute, dass Prince zum Liebesakt *drums* spiele, *percussion*. Und wenn man Prince einmal wirklich spielen gesehen hat (etwa am Ende des *America*-Videos), kann man vielleicht verstehen, wie das gemeint war: So, wie er das Schlagzeug einsetzt, ist es ihm nichts weniger als ein Orchester, eine Maschine zur Erzeugung von rhythmischen und stilistischen Interferenzen und Synkopierungen. Seine Musikalität ist so schnell und spontan, dass er wie kein anderer *vor dem Beat* bleiben kann.

Drums bedeuten bei Prince aber auch in vielen Fällen das Programmieren von Drum-Machines. Diese waren zu Beginn der Achtziger die Avantgarde der Technik. Der Erfinder des bedeutsamsten Synthesizer, Robert Moog, sagte schon damals, dass Prince mehr aus seinem Mini-Moog herausgeholt habe, als er hineingelegt hatte. Gerade auch die exotischen Samples wie der Tischtennisball-Sound, der in so vielen Stücken der frühen und mittleren Achtziger ikonisch wurde (insbesondere in *1999*) sind unverwechselbare stilistische Signaturen von Prince: übermütig, unvergleichlich, unwiderstehlich.

vocals

Selbstverständlich ist Prince der beste Sänger der populären Musik, er hat das mit Abstand größte Stimmregister (*range*), noch vor Freddy Mercury, seine Variabilität und sein Bluesverständnis ist größer als von Robert Plant und er konnte mühelos in der Tonalität und Körnung von Sam Cooke, Al Green und Marvin Gaye singen. Auch wenn ihm aufgrund seines kleineren Körpervolumens manchmal Stimmvolumen fehlte, gleichte er dies durch perfekten Ton und präzise Technik aus.

Prince konnte außerdem nicht nur rappen, er entwickelte sogar eine spezielle Form des melodischen Rappens, die besser in seine komplexen Arrangements passte. Diese war weiterentwickelt aus dem *parlando* der Publikumsansprache, für die Prince berühmt war.

Arrangements

Der größte Arrangeur seit Duke Ellington, war Miles Davis' Urteil über Prince. Das Arrangement ist der Maßanzug der Komposition. Es allein entscheidet darüber, welches Konzert zur Aufführung kommt.

Tourneen

Prince hat in seinem Leben wahrscheinlich tausende Konzerte und Auftritt gehabt, er war der großartigste Live-Musiker der Welt. Die Tourneen, ich hatte es bereits bei der Phänomenologie der Gitarrensoli gesagt, sind die Welteroberungsphantasie der Musik von Prince. Sie brachten die Musik in die Welt, sie machten Prince aber auch zu einem Weltbürger. Während er mit der Nude-Tour Konzerte im Tokyo-Dome spielte (und mit dem Shinkansen in Japan unterwegs war, wie wir aus *3 Chains of Gold* wissen), entwickelte Prince den neuen musikalischen Stil von Diamonds and Pearls und spielte in einem Aufnahmestudio in Tokyo in wenigen Sessions signifikante Teile des Albums ein.

Einer konservativen (und vermutlich noch zu geringen) Schätzung nach spielte Prince auf seinen Tourneen in den USA 769 Konzerte, im Vereinigten Königreich 109, in Deutschland 52, in Kanada 43, in Japan 37, in Australien und den Niderlanden jeweils 36, in Frankreich 24. Das ist ein erheblicher Teil der Welt, der regelmäßig ausführlich von Prince bespielt wurde, ein postmoderner Odysseus — oder Titan. Natürlich bestand die Welt von Prince im Wesentlichen aus Großstädten, was Konzerte in Cork oder A Coruña umso signifikanter macht.

Filme

Es gibt nicht viele musikalische Künstler, die zumindest phasenweise parallel entwickelte Filme mit signifikanter Originalität entwickelt hätten. Meist treten Musiker zwar als Schauspieler in Filmen hoher Qualität auf, haben mit ihrer Entwicklung aber nichts zu tun (David Bowie, Björk). Bei Prince ist dies anders. Er hat vermutlich die meiste Zeit seines Lebens immer parallel zu Alben auch an Filmen gearbeitet. Diese waren zwar nur teilweise wirklich erfolgreich (oder in der Qualität unangefochten), mich interessiert hier aber vor allem die Konstruktion des Mythos auch durch diese Filme.

Zunächst einmal ist da natürlich *Purple Rain*, der Spielfilm, der parallel zum Album *Purple Rain* in den Kinos herauskam und ein großer Erfolg war (und für den Prince einen Oscar bekam — für die Musik). Der Film ist zur einen Hälfte eine fiktionalisierte Autobiographie, die entlang einiger Handlungsstränge organisiert ist, und zur anderen Hälfte ein Konzertfilm, der die Zuschauer auf die bevorstehende Tournee neugierig machen sollte. Er ist auch heute noch unterhaltsam und für einen Musikfilm nicht schlecht. Er leidet allerdings wie alle Prince-Filme an einem Mangel an professionellen Schauspielern. Immerhin hat er eine gewisse erzählerische Ökonomie, die den anderen Prince-Privatprojekten oft fehlt. Er ist die naheliegende und konsequenteste Etablierung eines Mythos.

Interessant ist aber der dann folgende Spielfilm *Under the Cherry Moon* von 1986, zu dem das Album *Parade* der Soundtrack war. Zweifellos ist es in keinem Sinne ein wirklich guter Film, er ist aber (so lange man der Prämisse folgt) köstlich, unterhaltsam und vielleicht sogar merkwürdig berührend. Es gibt immerhin zwei gute professionelle Schauspieler (Kristin Scott-Thomas in ihrer ersten Rolle als görenhaftes Millionärstöchterchen und Stephen Berkoff als ihr humoristisch karikierter Vater), im Angesicht all der anderen Freunde und Bekanntschaften, die Nebenrollen spielen, geht dies aber etwas unter. Prince wollte ursprünglich Martin Scorsese als Regisseur engagieren, aus den Verhandlungen blieb immerhin der große Michael Ballhaus als DP übrig, was man dem Film an vielen Stellen ansieht. Das bemerkenswerteste an diesem Film ist aber die Einheit von Musik und Look. Es mag sein, dass ich eine sentimentale Schwäche für die originalen Drehorte zwischen Nice und dem Cap d'Antibes habe, aber wenn man sich die Mühe macht, die stimmungsvolle Engführung aus Art Deco-Stummfilmästhetik, Achtzigerjahre-Gigolo-Swagger mit Funk, Soul und Jazz und unbescheiden dramatischer Handlung auf sich wirken zu lassen, versteht man vielleicht in Reinform, was Prince für den Look seiner Musik vorgeschwebt haben muss: Nicht einfach eine bildliche Illustration, sondern eine gefühlvolle Synthese aus Stimmung, Humor, Zitat und Musik. Leider war der

Film ein solcher Misserfolg, dass er nie wieder etwas ähnliches versucht hat.

Nach zwei Spielfilmen in drei Jahren entschied sich Prince ein Jahr später aufgrund widriger Wetterumstände, die die *Sign o'the Times*-Tour verkürzten, die Show auf Film mitzuschneiden und um einige Spielszenen erweitert als Konzertfilm in die Kinos zu bringen. Es gab bereits einen VHS-Mitschnitt eines *Purple Rain*-Tour Konzerts, dies aber war etwas völlig Neues.

Anschließend machte sich Prince daran, Ideen für eine Fortsetzung von *Purple Rain* zu schreiben. Dieser Film sollte als *Graffiti Bridge* im Jahr 1990 herauskommen, endete in den meisten Ländern allerdings direct-to-video. Er krankt an allen Problemen, die man an bisherigen Projekten beobachten konnte, gleichzeitig. Auch wenn es zu den Alben *Diamonds and Pearls* (1991) und *Love Symbol* (1992 - unter dem Titel *3 Chains of Gold*) noch Videokompilationen mit einer mehr oder weniger losen Spielhandlung gab, war damit das filmische Projekt von Prince beendet. Nach allem Vernehmen war er wohl auch enttäuscht (oder wütend), dass in dem *Batman*-Film von Tim Burton so wenig Songs aus seinem Album verwendet wurden. Dabei hatte Prince in seinen Batman-Musikvideos (wie immer) eine Art Privatmythologie der *Superheroes and Supervillains* geschaffen.

Was bleibt? — Die vermutlich schmerzhafte Erkenntnis, dass auch ein Künstler wie Prince auf den Bereich der Musik und der Konzerte zurückverwiesen wurde, weil auch die damalige populäre Kulturindustrie für diese radikale Vorstellung eines musikalischen Look nicht durchlässig genug war. Genau dies war aber das Ziel dieser kinematographischen Abenteuerreisen gewesen: Die Musik sinnlich, humoristisch, dramatisch, sprich: postmodern, mit dem Leben und einem Lebensgefühl zu verbinden, — selbst wenn dieses fiktional wäre.

Wenn man sich zwei - gemessen an der Schwierigkeit des Stoffs - extrem gelungene Literaturverfilmungen der letzten Jahre ansicht, *Inherent Vice* von P.T. Anderson nach dem Roman von Thomas Pynchon und *Cosmopolis* von David Cronenberg nach Don de Lillo, wird diese unsichtbare Grenze auch auf der höchsten Ebene des Kulturbetriebes sichtbar. Weder Pynchon noch de Lillo konnten, wollten oder durften mit diesen Filmen etwas zu tun haben. Beide sind zu große Autoren, um sich mit dem Filmgeschäft einzulassen, sie können nur verlieren. Das visuelle und erzählerische Experiment einer Verfilmung derartig komplexer Romane kann nur gelingen, wenn die Grenzen der Medien eingehalten werden. Das ist schwierig genug: Noah Baumbachs Verfilmung von *White Noise* nach de Lillo gelang dies nicht. Der Anspruch von Prince war es, die Grenze zwischen wirklicher Musik und wirklichem Film auf ebenso spielerische wie charmante Weise zu überspringen. Das Unternehmen war unbescheiden, titanisch im Entwurf und titanisch im Scheitern. Aber es bleibt etwas übrig: Eine eigene, unbescheidene, titanische Signatur, die in umfassendster Weise die Musik visualisieren sollte — als eine Signatur persönlicher Künstlerschaft.

Paris

Ich kann nichts über Minneapolis sagen (ich bin nie dort gewesen), aber ich kann sehr viel über Prince und Paris sagen, nicht nur weil ich ein Buch über Paris geschrieben habe, in dem Prince ebenfalls eine kulturgeschichtliche Gastrolle hat, sondern weil ich in jenen Jahren Prince (und seinen Mythos) in Paris finden konnte.

Die Stadt Paris ist offensichtlich ein Traum. Wie erklärt man dann den Unterschied zwischen der Stadt Paris, wo man überfallen und ermordet wird und einem Prince-Konzert im Stade de France, wo die Songs wie musikalische Guimauves den Himmel über Paris verklären, *rose, champagne, violette, pistache, pralin, yuzu, Pop Life, Love Or Money, 101, U Got the Look, Condition Of the Heart, Alexa de Paris*. Eine Fahrt in einem 1985er champagnerfarbenen Jaguar XJS Cabrio über die Avenue Gabriel hinauf, links in die Matignon, runter bis zur Seine, wieder zurück über die George V wie in einem Gitarrensolo rumgerissen, Etoile, Foch, hin und her, dann Kléber, Iéna, und dann durch Vaugirard und Montparnasse hinüber dorthin in den Stadtteil, den Victor Hugo und mit ihm die Jahrhunderte *l'université* nennen. Jede Selbsterkenntnis aus Schmerz, Schande, Demütigung, Schweiß und Scheiße gewonnen, man will sie eigentlich nicht, man will einfach so weitermachen, man sperrt sich gegen die Möglichkeit des Neuen, man sieht nur den Schmerz, nur die Wand, gegen die man läuft, und es gibt keinen anderen Weg durch diese Wand hindurch, durch diese Mauer, durch die Fugen dieses uralten Bauwerks, das dir da im Weg steht, du kannst nicht immer nur die Straßen entlang fahren, du musst hinter die Fassaden blicken, in die Konfiguration des Raumes, die hinter ihnen verborgen ist, die Räume, die ihnen helfen, die verborgenen Einhegungen von Geschichte, von Schicksal, von Schmerz, du gehst hindurch, du antizipierst die Leben, die hier stattgefunden haben, stattfinden, stattfinden werden, die Schläge, die Morde, der Tod.

I might dine tonight in Paris
Dance all night in Rome
I go any freakin' place I want to
I got a Lear Jet
Sho'nuff bring me home

Wenn Prince seine *piano and a microphone*-Tour in der Opéra Garnier getragen hätte, wäre alles anders geworden, abgesagt wegen der terroristischen Morde in dieser Stadt eines symbolischen Bürgerkriegs, sodass die symbolischen Genüsse zurücktreten müssen hinter jene Fassade des Schrecklichen, bei der die Romantik tödlich ist. Die Verbeugung am Konzertende ist vielleicht von allen der merkwürdigste Anachronismus, weil er impliziert, dass der Künstler dankbar sein darf als Bürger vor einem adeligen Publikum gespielt zu haben, wenn in Wirklichkeit doch das Publikum sich selbst geadelt hat in der Anwesenheit des

Titanen, durch die Wahl seiner Anwesenheit im Bereich des Heiligen geraten ist, das Wunder erlebt hat. Die realste Form der Realpräsenz.

> *I love Paris, it's the most beautiful
> and most erotic city in the world.*
> Prince

Wenn wir alle tot sind, geht die Geschichte der Welt weiter. Das Paris nach dem Tod von Benjamin, nach dem Tod von Barthes, nach dem Tod von Julien Green, nach dem Tod von Prince wird nie wieder dasselbe sein, — aber es wird immer Paris bleiben, es wird nicht mehr die Hauptstadt des 19. Jahrhunderts sein, aber es wird die Hauptstadt einer gewissen Form von kultureller Suprematie sein, aus den Steinbrüchen, aus den Katakomben, aus den unterirdischen Ozeanen in das Hier und Dort der Mauern, der Stadttore, der Straßenzüge, hinauf in das Wirkliche und Unwirkliche des Wanderns über den Himmel. Es wird ein *neues* Paris sein, wundervoll und furchtbar, harmonisch und ungerecht, kultiviert und blasiert, verloren in der Vergangenheit und verloren in der Gegenwart. Es gibt die *Fondation Cartier*, wenige Schritte von den Katakomben entfernt (vielleicht gibt es sogar bisher unbekannte Gänge, die darunter vorbeiführen), es gibt die *Fondation Louis Vuitton*, wenige Schritte von den *Bagatelles* entfernt, jenem dem Himmel nächsten Ort, den Swann und Proust sich vorstellen konnten. Es gibt nichts, das man in Paris bauen könnte, das nicht in Bezug stünde zu jener Geschichte und jenem Mythos der letzten 2500 Jahre. Und es gibt nichts, was Mode wäre (und wäre es so celebrityverseucht wie Louis Vuitton oder so plakativ selbstverliebt wie Dior), das nicht heute noch Bezug nähme zu jenem Geist der Pariser Mode, der sich zwischen Hedi Slimane und Virgil Abloh allerdings eher in ein Gespenst verwandelt hat. Irgendwo zwischen den heroinchicdünnen hohläugigem Strichern und den obszöndümmlichen Litfasssäulen ist zwar das Konzept des *Monsieur* verlorengegangen, aber das hat man in Paris auch schon über die Generationen von *Dandys* oder die *Incroyables* gesagt, — heute ist es einfach eine globalisierte Maschine (ich möchte sie noch nicht einmal Wunschmaschine nennen, das tut ihr zu viel der Ehre an), die mit diesem Pariser Treibstoff angetrieben wird, die die Produktfälscher in Asien beschäftigt hält und den Drogenhändlern in den amerikanischen Black Communities ihre sauer verdienten Dollars aus der Tasche zieht.

In dieses heutige Paris ist Prince immer wieder zurückgekommen. Er hat es aber entdeckt im Jahr 1985, als er sich unter der Adresse 60, Avenue Foch ein riesiges bourgeoises Appartement kaufte, das er bis 1996 behielt.

Cap d'Antibes

Der Film *Under the Cherry Moon* von 1986 spielt in der Altstadt von Nice, der wenige Kilometer entfernten Hippodrome de la Côte d'Azur und vor allem rund um das Hotel Eden Roc und den eine Bucht weiter liegenden riesigen Palast Eilen Roc am Cap d'Antibes. Die Schlussszene ist zwar in Miami gedreht, dass diese dort in einem Terrassenhaus gefilmt wurde, könnte aber durchaus inspiriert sein von dem sehr prominenten (und faszinierenden) Appartementkomplex *Marina Baie des Anges*, an dem man auf der Fahrt von Nice nach Antibes notwendig vorüberfährt.

Die Eingangsszene des Films, ein Dialog aus Klavierimprovisation und gigolohaftem Augenspiel, meisterhaft in Szene gesetzt von Michael Ballhaus, — aber auch die spätere Tanzszene auf der Terrasse vor dem grauen Meer sind gefilmt im Uferpavillion des legendären Luxushotels Eden Roc, bis heute ein Treffpunkt des internationalen Jet Set. Prince gelingt es, ihr eine sehr französischnostalgische Intimität zu verleihen, als improvisiere er auf seinem geliebten Doors-Klavier im Sunset Sound. Eine erste Verwandlung von obszönem Kapitalismus in eine künstlerische Signatur.

Die Villa Eilen Roc, im Film eine monströse Bühne für eine obszöne Mummenschanz, in die Christopher Tracy sich einreihen möchte, nur um hinausgeworfen zu werden, war im Leben zunächst die Sommerfrische des belgischen Königs Leopold II und später des ägyptischen Königs Farouk, ein klassizistischer Prachtbau von Charles Garnier entworfen, dem Architekten der Opern von Paris und Monte Carlo. Die Hybridisierung von korruptem Adel und repräsentativer bürgerlicher Musik, die so in diesen zauberhaften Ort eingeschrieben ist, war wie geschaffen dafür, von jenem Prince aus Minneapolis musikalisch signiert zu werden für eine neue Zeit. Hier sollte momenthaft, mit den geschmückten Elefanten, den Porsches und Thunderbirds, den Lederjacken und Kaschmirmänteln, ein neues, radikales Kapitel einer klassizistischen Popmusik aufgeschlagen werden für eine neue Zeit. Die wundervoll changierende Melancholie des Klimperklaviers von *Under the Cherry Moon*, die synkopierte Perkussion mit hubschrauberhaftem Orchesterklang von *Christopher Tracys Parade*, der Party-Jazzfunk von *Girls and Boys*, — aber auch die knarzende Todesmeditation von *Sometimes it Snows in April* gehören hierher, leben hier weiter. Und man fahre einmal die D 6098, die *Route du Bord de Mer* entlang, von Antibes in Richtung Cagnes, rechts ein grellweißer Kiesstrand und das transzendental azurblaue Meer, links eine melancholische Eisenbahnstrecke, idealerweise im Cabrio, und höre hierzu *Alexa de Paris*, *Love or Money* oder *Heaven* — und zwischen den Noten wird sich die staubige Straße in ein silbernes Schwarzweiß aus dem Jahr 1986 verwandeln. Dies ist der am weitesten von Minneapolis entfernte Ort. Und doch ist er von Prince signiert.

Mode

Obwohl Prince stets seine eigene Mode kreierte und höchstens einmal in Paris eine Dior-Sonnenbrille aufschnappte, bevor er damit eine Sendung von *Le Grand Journal* in einen Pariser Glam Slam verwandelte, war seine Mode etwas anderes als Mode, auch wenn Prince eine gewisse Affinität zu Versace hatte und einmal eine seiner Defilées mit eigener Musik bestückte (*The Versace Experience*), war Prince kein Kunde von Couture, er entwarf seine eigene. Neben allem Musikalischen war in Paisley Park die Modeabteilung die größte, er hat zu keiner Zeit etwas anderes getragen als jene zehntausenden Entwürfe und tausenden Schuhe im Laufe der Jahre. Dies war selbstverständlich seiner Konfektionsgröße geschuldet, war aber eben auch Teil jenes umfassenden Looks, jenes Lebenskonzeptes als Star, als Künstler, als Titan, der nicht zuließ, jemals irgendwo als ein anderer als als Prince aufzutreten. Dies beinhaltete auch die Frisur: Selbst seine jahrelange Hairstylistin hat ihren eigenen Memoirenband geschrieben.

Die letzte modische Unmodischheit betrifft aber wie immer die Musik, nämlich in der Art und Konsequenz, in der sich Prince musikalischen Moden entzog und verweigerte. Hier zeigt sich zuletzt auch der postmoderne Charakter des Rollen- oder Maskenspiels: Man kann die Maske, die Mode dazu nutzen, die Mode selbst irrelevant zu machen, modisch zeitlos, modisch unmodisch gar zu sein. Der Heros hat die Kleidung nur dafür, sie bei Gelegenheit einer Heldentat von sich zu werfen.

Erscheinung

Prince trat nicht auf, er erschien. Oder er erschien nicht. Man wusste nicht, wie er erschienen war, man wusste nicht, wie er wieder verschwunden war. Diese äußerste irdischste Form einer Erscheinung, einer Epiphanie, war das Zentrum des Starkults in den Achtzigern, — und niemand beherrschte dieses Spiel so wie Prince. Postmodern formuliert: Wenn der Mensch nichts ist ohne seine Erscheinung, wenn der Mensch seiner eigenen Erscheinung nicht gerecht werden kann, ist dann nicht die höchste Form des Menschseins, eine Erscheinung ohne Mensch zu sein? Vielleicht kann man diesen Entwurf nicht *leben*, — aber man kann ihn *anbeten*. Aber es scheint, als ob Prince am Ende der Achtziger gemerkt hatte, dass er sehr wohl ein Mensch hinter dieser Erscheinung sein könnte, warum sonst hätte er *Cuz I've seen the top but it's just a dream* in sein *My Name is Prince* hineingeschrieen?

party

Jedes Konzert war auch eine Party, jede Party auch ein Konzert im Leben von Prince, wahrscheinlich weil er das Wort als ein Verb benutzte: *party like it's 1999*. Die Party ist der notwendige Gegenpol zu dem Gehäus des Aufnahmestudios. Es gab kein normales Leben im Leben von Prince, es gab entweder konzentriertes, schnelles, atemloses, zeitloses Arbeiten an und in Musik, — oder Party. Was vermutlich auch seine amourösen Abenteuer einschloss. Es ist ein *modus vivendi*, ein konsequenter, dauerhafter *sensory overload*, ein Leben *in* Musik.

Paisley

Paisley war viererlei: Zunächst ein platonisches Utopia, in dem alle Widersprüche der Existenz in Wohlgefallen aufgelöst sind, zweitens ein Song, *Paisley Park*, der diese Utopie besingt und somit ins Jenseits der Musik erhebt, drittens ein Look für die *Parade*-Tour und für *Under the Cherry Moon*, und zuletzt viertens der Wohn- und Arbeitskomplex Paisley Park, zwanzig Minuten außerhalb von Minneapolis, eine große postmoderne Schachtel, in der alles sein könnte, ein Firmensitz, eine Shopping Mall, ein Aufnahmestudio, ein Club, ein Museum, — was es auch tatsächlich zu unterschiedlichen Zeiten alles einmal war (oder noch ist). Dieses Gebäude ist identisch mit Prince, nicht umsonst lieh es der Urne die Form, in der die Asche des Verstorbenen aufbewahrt wird.

Paisley ist ein klassisches Stoffmuster, nicht viel anders als Glencheck, — und dennoch so anders, so viel mehr. Es ist eine suggestive Form, die sich nicht nur zur Gliederung eines Stoffes anbietet, sondern auch Typographie aufnehmen kann, ein Markenzeichen wird, in vielerlei Hinsicht sogar eine Aussage. Sie könnte lauten: Ab hier wird alles gut, hier wohnen Schönheit und Übermut, dies ist die Spur unbegrenzter Kreativität. Es ist auch ein Muster, das niemandem gehört, das alt ist (es war in Vergessenheit geraten) und doch so jugendlich wirkt (es wurde wiederentdeckt). Paisley ist zuletzt synonym mit Prince, wer es überhaupt irgendwo bewusst sieht und erkennt, in einem Moiré-Futter eines Jacketts, auf einem Seidenschal, lächelt und denkt an die Vinyl-Platten, auf deren Sticker es sich graziös auf dem Plattenteller drehte. Es vermittelt einen Duft von Champagner, von Rosen, von klassischem, stilsicheren Funk und Soul. Prince hat sein Leben mit Paisley eingehüllt, der Hörer tritt in die geheime Welt der Musik ein, indem er diesen Paisley-Schleier zur Seite zieht.

Das Gebäude Paisley Park wurde zum stärksten Synonym der so zweifelhaften, mythischen, erscheinungshaften Existenz von Prince, wie die Flagge auf Buckingham Palace die Anwesenheit von Königin oder König anzeigt, so leuchtete eine der gläsernen Pyramiden auf dem Dach von Paisley Park violett, wenn Prince anwesend war. So viele Menschen waren in dem Gebäude, als Konzertpublikum, als Kollaborateure, als zahlende Studiokunden, als Prominente und Liebhaberinnen, — und dennoch konnte man dort Tage und Wochen verbringen, ohne auch nur einmal Prince zu begegnen. Es war ein minoisches Labyrinth mit Minotaurus, eine Zimmerflucht in Versailles, in der Besucher immer nur über Dienstbotentreppen, Wandgänge und Tapetentüren geschleust wurden, damit der königliche Künstler traumwandelnd durch die Salons schlendern konnte, — ein Haus, gleichzeitig das privateste nur denkbare und doch ohne all das, was ein nichtkünstlerischer Mensch als privat bezeichnen würde.

Cover

Prince hasste es, wenn seine Musik gecovert wurde, es war das ewige Drama um *Nothing Compares 2 U,* — und er wollte dies nie wieder erleben. Wenn er gefragt wurde, hat er alle Anfragen abgelehnt. Bis 1996 hat er allerdings auch nie offiziell selbst eine fremde Komposition gecovert (sehr wohl aber in Konzerten und Aftershows). Dann begann er die Kunst des Covers, insofern er nicht einfach nur eine andere Version erzeugen wollte, sondern eine bessere. Als er 2002 in Las Vegas *Whole Lotta Love* coverte, sagte er dazu: *I like my rock funky.* Und das war die Programmatik all seiner Cover: Die Welt durch die Augen von Prince. Unter dieser Prämisse nahm er sich Stücke vor, von denen man nie dachte, dass man sie anders interpretieren könnte, interpretierte sie ungeheuer radikal anders und sorgte dafür, dass man nur noch seine Version hören wollte, — und das bei so emotionalen Stücken wie *Creep* (Radiohead), *More Than This* (Bryan Ferry) oder *Heroes* (David Bowie). Es wäre ein Album denkbar (oder eine Playlist) mit all diesen Covern unter dem Titel *More original than the original.* Hier findet nicht nur der Originalitätsrelativismus der Postmoderne an ein Ende, hier wird er auf den Kopf gestellt.

Religion

Reden wir über Religion als redeten wir über Sex.

Prince war immer religiös, sein Gottesdienst war der Sex, seine Gottesgabe war die Musik.

Sex

Reden wir über Sex, als redeten wir über Religion.

Prince war (vermutlich) immer erotomanisch, sein Turnon war die Religion, seine Gottesgabe war die Musik.

Mehr ist dazu nicht zu sagen.

Abschied

Der Abschied kam am Ende jedes Konzertes, der Abschied kommt mit jedem Song, wenn er zu Ende geht, diesmal ist es aber ein Abschied für immer. Prince hat an jedem Tag, in jedem Jahr immer alles hinter sich gelassen. Er war treu im religiösen Sinne, nicht im sexuellen. Er brauchte keine irdischen Güter, er hatte sie, aber sie bedeuteten ihm nichts. Seine existenzielle Treue galt immer Gott. Dessen Gabe war die Musik. Er blieb in seinem Leben nur der Musik treu, er verschwand *für sich* hinter seiner Musik, die nicht ihm gehörte, die nur Gott gehörte. Er musste sich an diese irdische Welt ketten, um nicht (wie die Musik) einfach zu verwehen. Wenige Tage vor seinem Tod, auf dem Rückflug nach seinem letzten Konzert, wurde er im Flugzeug *unresponsive*, wie es hieß. Später erzählte er seiner Begleiterin, wie er darum kämpfen musste, wieder zurückzukommen. Wenn man so oft und so intensiv und so meisterlich hinausgeströmt ist aus diesem Leben, kann es einem, eh man sich versieht, abhandenkommen.

Tod

Seine letzten zwei Konzerte spielte er ausgerechnet in Atlanta, zwei an einem Abend, Solo-Piano, es wurden ihm viele *We Love You!* zugerufen. Kurz bevor er das Konzert mit einem Medley aus *Sometimes it Snows in April, Purple Rain, The Beautiful Ones* und *Diamonds and Pearls* beendet, erzeugt er ein letztes Mal jene transzendentale Magie, wenn er ein Mashup aus Bob Marleys *Waiting in Vain* und seinem eigenen zeitlosen Klassiker *If I Was Your Girlfriend* spielt. Dabei entsteht etwas völlig Neues, etwas, das in diesem Moment in diesem Konzertsaal und von dort aus durch die Aufnahme hindurch erschüttert. Nicht nur hat Bob Marley seinen Song nicht im Entferntesten so gut geschrieben, wie Prince ihn covert, es gibt auch keine Grenze, keine innere Differenz zwischen den beiden zehn Jahre und viele Welten von einander entfernt entstandenen Songs: Dies ist eine Musik, zwei Hände in den Tasten, eine Stimme, ein Gefühl. Man weiß nicht, welches Gefühl es bei Prince war, das ihn so leidenschaftlich und schmerzerfüllt singen ließ, es kommt auch nicht darauf an, es kommt nicht darauf an, was der Hörer empfindet, — es kommt nur darauf an, dass ein stratosphärisch entfernter Superstar wenige Tage vor seinem Tod durch eine Aufnahme und ein YouTube-Video hindurch zu uns spricht als eine typisch postmoderne Simulation von mittelbarer Unmittelbarkeit, — und dass in diesem Moment alle Postmoderne, alle Entfernung, alle Kulturindustrie zusammenbricht, hinfortgewaschen von postmodernen Tränen (aber Tränen doch allemal): *Wir müssen den Tränen vertrauen, wenn nicht ihnen, wem dann?*

Im ersten Konzert an jenem Abend spielte Prince ein ähnliches Mashup aus *Dolphin* und David Bowies *Heroes*, der gerade erst drei Monate zuvor gestorben war. Die Tränen gelten hier diesen beiden Künstlern, die sich in ihrer Musik zu einem Geistergespräch vereinen.

Nachleben

Das Nachleben eines Mythos vollzieht sich auf zwei Ebenen, im Leben und in der Erinnerung. Im Leben bemerkt man plötzlich all die kleinen Besonderheiten, die ab sofort fehlen werden, die nie wieder kommen, die man jetzt erst zu schätzen weiß. In der Erinnerung ist die Vergangenheit aber unendlich. So sehr die Zukunft abgeschnitten ist, umso unendlicher erscheint dieser Kontinent der Vergangenheit. Prince ist insofern ein Sonderfall, als wir selbst als größte Fans nur die Spitze des Eisberges kannten. Heute ist auf YouTube ein Vielfaches dessen unmittelbar zugänglich, was wir jahrzehntelang mühselig aus Alben, Bootlegs, Videos, Fanzines, — und irgendwann auch aus dem Internet zusammenkratzen mussten. Ironischerweise hat Prince die Veröffentlichung seiner Musik auf YouTube gehasst und mit allen Mitteln bekämpft (was möglicherweise vom Standpunkt des Marketings zu neuen Zielgruppen ein Fehler war), sein Nachleben ist indes ohne diese Videos nicht denkbar.

Mythos

Wir kehren an den Beginn zurück. Es gibt eine Historie von Prince, aber auch eine postmoderne Erzählung, die im Nachleben durch unendlich viele Anekdoten, Prince-*stories* punktiert wurden. Aus dieser Gesamtheit entsteht der Mythos Prince.

Es gibt auch eine Auferstehung. Erst nach dem Tod ist ein Fernsehsender in Minneapolis durch Zufall auf Filmmaterial gestoßen, in dem über einen Lehrerstreik im Jahr 1970 berichtet wird und zu diesem Zweck einige Schüler interviewt werden. Und plötzlich sieht man es: Das Gesicht eines kleinen Kindes, feixend, kamerazugewandt und gleichzeitig kameraabgewandt, gleichzeitig extrovertiert und introvertiert, mit all den kleinen Manierismen, die wir von einem älteren Gesicht in unendlicher Vergrößerung kennen. Der kindliche Prince, eine Prophetie und ein Requiem. Eines der berührendsten Videos, die man auf YouTube finden kann. Noch nicht einmal er selbst hatte das Material vermutlich jemals gesehen, es war nicht gesendet worden. Das unschuldigste und echteste Bild von sich selbst, das er nie sehen konnte, auf der Plattform, die er wohl am allermeisten für die Zerstörung der Musik verantwortlich machte.

Den Mythos als Kind zu sehen, — nicht nur zerstört dies *nicht* den Mythos, es vergrößert ihn piktural unendlich und macht die wirkliche Lebenswelt des Kindes umso unvorstellbarer, eingeschlossen in eine Zeitkapsel. Prince selbst hat diese Zeitkapsel geöffnet für seine Autobiographie, die sich hauptsächlich seinen Anfängen widmet und passagenweise den Charakter eines Familienalbums trägt. Es sind Familienfotos, erste Posen als Star, Texte für Lieder.

Die Handschrift von Prince war über Jahrzehnte nicht etwas, worüber selbst die scolars seines Mythos etwas wussten. Er musste eine Handschrift haben, natürlich, aber wahrscheinlich niemand hätte geahnt, dass Prince in seiner Kindheit eine Schönschreibschrift gelernt und geübt hatte, weit schwingend, harmonisch, ohne Hast, jeden Buchstaben wie eine Tanzform ernst nehmend. Genau der Musiker, der schnell, rastlos und spontan seine Aufnahmen machte, Dinge, die er einmal fortgelegt hatte, nie wieder ansah, nahm sich die Zeit, seine *lyrics* wie ein Poesicalbum-Blatt zu kalligraphieren und mit kleinen Zeichnungen zu versehen. In dieser Sorgfalt, in dieser Ernsthaftigkeit lebte das kleine Kind fort, das sich vorgenommen hatte, ein großer Musiker zu werden, der größte, falls möglich.

Prince nahm seine Texte sehr ernst, er betrachtete sie tatsächlich als eine Art Poesie, es war der Teil seiner Kunst, auf den er innerlich am stolzesten war. Vielleicht war es auch (abgesehen von den erotischen Übertönen) eine naive Erzählung seiner Welt, ein Mythos im Kleinen, ein Märchen, ein Zauberspruch, ein *nursery rime*, jenes Kleinod, das *nicht* einem Look unterworfen war, nicht nach außen getragen werden musste oder konnte, — ein stilles Zentrum für seine Familie, die immer seine *Freunde* gewesen waren, wie er seine *Fans* lieber nannte. Dies galt für seine religiösen Texte ebenso wie für seine Liebes-Texte, seine Party-Texte, — und sogar die Sex-Texte: Vielleicht waren sie ohnehin alle nur verschiedene Aspekte jener Erfahrung, die im intimen Zentrum seines Mythos stand. Wir werden darauf zurückkommen.

We love you

Zu den herzergreifendsten Empfindungen im Umfeld von Princes Tod gehört es, wenn man sein letztes Konzert in Atlanta im Video immer und immer wieder nacherlebt. Es war die *Piano and a Microphone*-Tour, Prince war alleine auf der Bühne mit einem Klavier, einigen Kerzen und einer Kaleidoskopprojektion im Hintergrund und interpretierte eine ungewöhnliche Auswahl seiner Songs, nicht nur Klavier-Balladen, sondern auch tanzorientierte Tracks und Gitarren-Rock. Erfahrungsgemäß würde das Publikum praktisch die ganze Zeit mitsingen. In den stillen Momenten jedoch riefen plötzlich Frauen aus dem Publikum *We love you!* - wenn man bedenkt, dass Prince etwas mehr als eine Woche später alleine und einsam in einem Aufzug in seinem Paisley Park-Komplex das Bewusstsein verlieren und sterben würde, werden diese Zurufe nachträglich traurig und tragisch. Prince wollte allein sein, oft in seinem Leben und auch an diesem seinem letzten Abend. Kirk Johnson, langjähriger Begleiter, Tänzer, Schlagzeuger und Mixer, hatte ihn nach Paisley Park gebracht und angeboten, ihn hinein zu begleiten und dort zu bleiben. Prince wollte allein sein. Er konnte stundenlang auf dem Klavier improvisieren, er konnte an seinem Schreibtisch sitzen und Pläne entwickeln, er konnte in einer Nacht einen ganzen

Song von der ersten Idee bis zum fertigen Mix produzieren, am nächsten Tag würden seine Assistenten seine Listen abarbeiten. Aber da war auch eine existenzielle Einsamkeit, die von den Rufen aus dem Publikum antizipiert wurde. Er wusste, wie sehr die Menschen ihn liebten, er wusste, dass sie wünschten, dass er dies wisse und irgendeine Art von Seelenruhe daraus gewinne, aber wahrscheinlich wussten sie gleichzeitig, dass nichts, was sie sagten, ihn aus dieser existenziellen Einsamkeit herausholen konnte. Ihr Rufen war der Wunsch, mit ihrem Liebesbekenntnis gehört zu werden und gleichzeitig Gewissheit, dass dies nicht, nie möglich wäre, genug gewesen wäre. Seine Musik war die Spur der Bewältigung dieser existenziellen Einsamkeit, – und gleichzeitig eine Spur seiner Zuhörer, zu dieser Art von Zuneigung aufgefordert zu sein. *Cuz I've seen the top and it's just a dream,* sagt er selbst in *My Name is Prince*. Sein Rufen in der Musik bleibt von den Rufen des Publikums unberührt. Seine Einsamkeit erlöst sich ausschließlich in dieser Musik, der Wunsch des Publikums, seine Einsamkeit auch menschlich zu erlösen, bleibt gerade deshalb unmöglich.

Die Küchenpsychologie, die sofort argwöhnt, dass jemand nur dann einen solchen Aufwand betreibe, weil er geliebt werden möchte, mag Recht haben bei kleinen Möchtegernkünstlern, bei denen all dieser Aufwand in die Richtung eines Publikums und seiner Anerkennung zielt. Bei wirklich großen Künstlern ist es umgekehrt: Die ganze Liebe des Künstlers geht in seine Kunst, sie ist ihm die einzige Anerkennung, nach der er sucht. Die Liebe des Publikums ist in diesem Sinne auch eine Liebe zu dieser Musik, allerdings in der rezeptiven, nicht in der produktiven Geste. Die Musik erlöst den Musiker und den Zuhörer gleichermaßen, sie ist die einzige wortlose Kommunikation, die notwendig ist. So tritt der postmoderne Künstler vollständig hinter seinen Text zurück, als Mensch und als Adressat. Dies den Tod des Autors zu nennen, ist prätentiös und albern: Man korrigiert nur ein Missverständnis (dass es zwischen Autor und Leser eine direkte Kommunikation gebe), das von vornherein naiv — und wirklich küchenpsychologisch erklärbar ist.

Die Musik von Prince (und seine *lyrics*, die er als den Kern seiner kreativen Leistung ansah) ist diese wortlose Kommunikation, die anders als die Literatur solche Missverständnisse nur sehr bedingt zulässt, — auch wenn wir immer *We love you* rufen möchten.

Der Künstler als Postmodernist

Die künstlerische Postmoderne ist im Gegensatz zu ihrer Philosophie langsam, graduell, verschwörerisch entstanden. Ich habe an anderer Stelle dargestellt, inwiefern man die Postmoderne eben gerade nicht als eine Epoche im klassischen Sinne begreifen kann, als eine Strömung einer bestimmten Generation von Künstlern und Philosophen, die, ausgehend von einem Gründungsmanifest oder einem gemeinsamen Erlebnis, plötzlich als eine Mode ausbricht. Vielmehr ist die Postmoderne an die Moderne gekettet als die innere Paradoxie des Konzepts der Moderne insgesamt. Die moderne Kunst ist eine solche monströse Herausforderung, dass sie ihre paradoxe Wiederlegung gleichzeitig in sich trägt und aus sich hervortreibt.

Anstatt sie als eine logische Folge (und nicht eine hegelianisch-dialektische Aufhebung) der Moderne zu begreifen, versteht man die Postmoderne besser als den Zustand des Wissens in einer Welt, die durch die Katastrophe der Moderne gegangen ist (und nicht nur die dekorativen *Feinen Unterschiede* der Kunst der Klassischen Moderne): Ohne Hölderlin kein Heidegger, ohne Heidegger keine uniformierte Universität, ohne diese kein Pariser Mai, kein Foucault, kein Derrida, kein Bourdieu, — ohne Heisenberg keine

Erkenntnis der Welt, keine Atombombe, kein kalter Krieg, kein Foucault, der den Freiheitskampf der Unterprivilegierten als seine eigene Atombombe in die Universitäten wirft, — aber die postmoderne Kunst ist eben mehr als eine Geschichte der ideologischen Ermächtigungen: Ohne Nabokov kein Pynchon, ohne Pynchon kein de Lillo, ohne Februar 1945 in Dresden kein *Schlachthof 5*, ohne V2 kein *Gravitys Rainbow*, ohne Foucaults und Bourdieus Romantisierung des Freiheitskampfes kein Terrorismus, kein 9/11, kein *Falling Man*, kein *The Silence*, in dem Don de Lillo zu Beginn Einstein zitiert. Ohne Moderne kein Andy Warhol, kein Jeff Koons, kein Damian Hirst, kein *Mao II*, keine *Nocturnal Animals*, kein *American Psycho*, kein *Cosmopolis*, kein *Gespenst des Kapitalismus*. Die Postmoderne ist die Lebensform jener Restwelt, jener Müllwelt, die schon Samuel Beckett als das *Endspiel* jenes Missverständnisses der menschlichen Kultur, der westlichen Aufklärung, der Moderne verstanden hat, eine Restwelt, deren Wissen und Unwissen gefährlicher ist als jemals zuvor, und die deshalb nur so, als postmoderner (Krankheits-) Zustand, als *Condition Postmoderne*, begriffen werden kann. Ohne Memphis kein Ikea, ohne Kolonialdiskurs keine Bürgerkriege, ohne Warhol kein Koons, ohne Foucault kein linker Antisemitismus, ohne Postmoderne keine Moderne, ohne Moderne keine Postmoderne. Um es deutlicher und stärker auf die Epochen der Kunst (und spezifisch der Literatur) zurückzubeziehen: Vormärz und Biedermeier sind literarische Stilepochen, weil sie ästhetisch, sozialgeschichtlich, systemisch aneinander gekettet sind, als die zwei Seiten einer Medaille, als die in sich selbst vollzogene Aufhebung einer hegelianischen Dialektik. Romantik und

Realismus sind kulturgeschichtliche Epochen, weil für sie das Diktum von Michelet gilt, das die Basis von Benjamins Geschichtsphilosophie bildet: *Chaque époque rêve la suivante*. Schon in der rasenden Lust der romantischen Phantasie entsteht das existenzielle Bedürfnis nach realistischer Rationalität. Hier geht es nicht um Spielarten der Kunst, hier geht es um die konvulsivischen Zuckungen eines Körpers, der im Fieber der Gegenwart die (heilsame oder illusorische) Zukunft (besser: nächste Gegenwart) aus sich heraustreibt. Dieser Epochenbegriff ist mehr eine psychoanalytische Theorie gesamtgesellschaftlicher Entwicklung als bloß eine kulturgeschichtliche Bestandsaufnahme. Und so hat die Periodisierung der Geschichte über Jahrhunderte Erfolg gehabt: Als ein fortlaufender Diskurs über die Einordnung von Phänomenen in kleinere und größere Kästchen und dieser Kästchen wiederum ineinander.

DIE MODERNE ist nicht eine Epoche (gleich welcher Definition), sie ist ein unumkehrbares Gefälle, eine Zerfallsdynamik, pure Entropie in einem Prozess, der die Epochendialektik gefressen hat, inkorporiert hat, in Flusssäure aufgelöst wie ein Mafia-Opfer. Der Epochencharakter zerfällt, insofern die Moderne voranschreitet. Sie hat wie eine langsam voranschreitende Krankheit keinen Anfang, nur immer häufiger und heftiger werdende Manifestationen ihrer Wirkung, Symptome, und plötzlich ist sie da, aufgebrochen, manifestiert, diagnostiziert, man weiß endlich, was sich die ganze Zeit schon so merkwürdig anfühlte. Die Moderne ist — gerade und besonders auch in ihrer theoretischen Umdeutung des Bezugsfeldes zwischen Theorie und Gegenstand

— eine völlige Neubestimmung des Bezugs des Menschen zur Kunst und zur Welt insgesamt. Wenn die traditionelle Kunst eine Maschine war, die Sahnetörtchen produziert hat, so ist die Moderne eine Aggregierung von unüberschaubaren Maschinen, die alles produzieren können: Medikamente, Babynahrung, Katzenfutter oder Gift. Die Kunst der Moderne ist dialektisch bezogen auf diese moderne Wirklichkeit, nicht auf die traditionelle Kunst. Deshalb braucht sie auch ihre eigene Theorie.

Deshalb kann auch die Postmoderne unmöglich eine dialektisch auf die Moderne bezogene Epoche sein. Sie ist gleichzeitig die Fortsetzung der Moderne mit anderen Mitteln und Dokument ihrer inneren Widersprüche und ihres Zusammenbruchs. So wie die Moderne ein allmähliches, unaufhaltsames Anwachsen ist, ein *crescendo*, ist die Postmoderne der kontrollierte Rückzug, eine traumatisierte Wiedergewinnung der Sinne, entweder sehr manieristisch und artifiziell, — oder einfach idyllisch-traditionell (Bionade-Biedermeier). Und man kann noch radikaler sagen: Die Postmoderne ist die Rekonvaleszenz nach der Krankheit der Moderne, insofern ein Teil von dieser. Es gibt eine Reihe von Autoren, die diesen Kipppunkt in ihrem Werk erkennen lassen, vielleicht am deutlichsten Nabokov. Noch radikaler: Die Postmoderne ist eine Postapokalypse. Sie ist bereits nach dem Ende. Sie kann nicht selbst enden.

Bezogen auf die Musik muss man den Abschluss der Moderne wohl bei Ligeti und Stockhausen suchen, und ihren letzten großen avantgardistische Innovationen in der Musik des 20. Jahrhunderts.

Beide haben eine erstaunliche popkulturelle Karriere gemacht, Ligeti als der musikalische Ideengeber der radikalen Bildfindungen Stanley Kubricks, Stockhausen als Übervater der avancierten Popmusik, der es immerhin auch auf das Cover von *Sgt. Peppers* schaffte und die Popmusik bis hin zu Aphex Twin mitverfolgte. Beide sind überlebensgroß in ihrer Dominanz des Kulturbetriebes und in ihrer Produktion eines eigenen Mythos, mit dem sie viel stärker mittelbare Wirkungen hervorbrachten, als durch die Unmittelbarkeit ihrer Musik. Diese Eigenschaft der Moderne, unüberschaubar zu sein und allen Rezipienten das Gefühl zu geben, die Unmittelbarkeit einer künstlerischen Inspiration bereits verpasst zu haben, ist das Gründungsdokument der Postmoderne. Die Notwendigkeit von sekundären Diskursen zur Erschließung der Moderne, die Vergeblichkeit der Nachfolge, erzeugt den Wunsch nach einer Postmoderne, in der die Gegenwart stets stillsteht. Ähnliches gilt insbesondere auch für den Jazz. Nach Charlie Parker, John Coltrane und Ornette Coleman war die Radikalität des Modern Jazz so ins uneinholbar Riesenhafte gesteigert worden, dass seine Zukunft nur in einer postmodernen Reterritorialisierung bestehen konnte. Miles Davis hat diese etwa mit *Scetches of Spain* begonnen, über seine elektronische Phase fortgeführt und letztlich in seinen letzten Jahren mit der Substanz der Musik von Prince vermischt. Der Jazz war nicht nur bei diesem eine feste Referenzgröße, sondern zum Beispiel auch bei Guru's *Jazzmatazz* oder bei elektronischen Künstlern wie Carl Craig, Juan Atkins, *4hero* oder *New Yorican Soul*. In der Rockmusik entspricht die Phase der Moderne jenem angeblich authentischen Aufbruch der *Stones*, der *Who*, der *Doors*, von Jimi Hendrix, *Cream* und *Pink Floyd*, in der die Regeln einer völlig neuen Musikartikulation aus dem Nichts erfunden wurden (ich habe dieses Phänomen des *Incipit Pop* in meinem Buch *Hier. Jetzt.* zu beschreiben versucht). Diese Euphorie der Neuerfindung inspirierte auch jene interessante Strömung der New Yorker Avantgarde der siebziger Jahre (Philip Glass, Meredith Monk, aber auch *Talking Heads* und Laurie Anderson). Und Frank Zappa war ein Begleiter, Mitgestalter und Vollender all dieser Entwicklungen, als dadaistischer Rockpionier mit *Freak Out* (1966) über die postmoderne Fusion von *Hot Rats* (1969) und die Integration von Jazz, Progressive Rock, Varèse und Webern in den großen Werken der siebziger Jahre *(One Size Fits All,* 1975, *Zoot Allures,* 1976) bis hin zu den sinfonischen Kompositionen unter dem Dirigat von Pierre Boulez oder Kent Nagano *(Boulez conducts Zappa: The Perfect Stranger,* 1984) und der vollständigen avantgardistischen Fusion von *The Yellow Shark* (1993). Von Zappa stammen auch drei der perfektesten Alben der musikalischen Postmoderne (wenn auch aus unterschiedlichen Gründen): *Francesco Zappa* (1984), *Jazz from Hell* (1986) und *Broadway the Hard Way* (1988).

Prince begann seine musikalische Karriere mit seinen ersten beiden Alben im Umfeld einer im Angesicht von Disco fast bedeutungslos gewordenen R'n'B-Tradition, in einer späten Phase des P-Funk, auf dem Höhepunkt des Classic Rock, dem Höhepunkt des Punk und der aufkommenden New Wave- und New Romantics-Musik. Je genauer man aber hinsieht, umso klarer wird, dass er nicht einfach Stile zitiert: *My Love is Forever* (1978) ist *nicht wirklich* Disco, *Bambi* (1979) *nicht wirklich* Heavy Metal, *Annie*

Christian (1981) *nicht wirklich* New Wave, *Jack U Off* (1981) *nicht wirklich* Rockabilly, es sind bestenfalls subversive Anmutungen dieser Stile, die gleichzeitig in einer perfekten Fusion und zeitlosen Komposition aufgehen *(I Feel For You* (1979), *When You Were Mine* (1980), *Delirious* (1982)) oder sogar neue Standards eines unverwechselbaren Sounds werden *(Dirty Mind* (1980), *Partyup* (1980), *Controversy* (1981), *Little Red Corvette* (1982)), die auch im Jahr 2014 noch so frisch sind wie am ersten Tag — oder zumindest so arrangiert werden können. Dabei sind die Alben *Dirty Mind* (1980) und *1999* (1982) absolut zeitlose Meisterwerke, die in ihrer originellen Schöpfungskraft von niemandem sonst hätten erreicht werden können.

Diese Klassizität des Pop-Songs, die in nichts der von Lennon/McCartney nachsteht, ist das mythische Zentrum aller anspruchsvollen Pop-Musik seither. Prince war in diesem Sinne wirklich (auch) ein *Artist's Artist*, dessen Inspirationswirkung sein eigentlicher Mythos war.

Titan

Die weltweite *Nude*-Tour im Jahr 1990 machte aus verschiedenen Gründen auch an Orten halt, die bisher nicht von Prince besucht worden waren und wären, die vielleicht überhaupt wenige internationale Stars vom Format Prince aufsuchten. Ein solches Konzert war ein Open Air in Cork/Irland, ein anderes fand in A Coruña im spanischen Galicien statt. Beide Auftritte wurden von Fernsehkameras begleitet, das Material, heute auf YouTube, gibt einen faszinierenden Einblick in die Gewohnheiten von musikalischen Superstars am Ende der achtziger Jahre.

Eine bemerkenswerte Tonaufnahme aus A Coruña ist ein Medley aus *The Question of U* und *Electric Man*. Bekanntlich hat Prince den sehr prominenten und unverwechselbaren Rhythmus im Original mit einem Basketball erzeugt, dessen Aufspringen am Boden aufgenommen worden war. Dies ist deshalb bemerkenswert, als es die Beiläufigkeit musikalischer Inspiration bei Prince illustriert. Er *findet* einen Song beim Basketball-Spiel, er macht daraus ein dramatisches Medley und zelebriert es auf offener Bühne in einer mythischen Landschaft am Rande der Alten Welt. Das persönliche Erlebnis (Inspiration) wird zu einem Modell für viele weitere Erlebnisse, die in einem mythischen Maßstab stattfinden. Ich habe immer gedacht, dass diese Eigenschaft des Mythos von Prince nur mit dem Roman *Titan* von Jean Paul (1800 - 1804) verglichen werden kann, insbesondere mit der Anfangsszene.

Es ist interessant, inwiefern diese romantisch-klassizistische Phantasie Jean Pauls als ein Schlüsseltext zum Leben von Prince gelesen werden kann, — oder auch umgekehrt: Wir haben eine hochgestellte Persönlichkeit, die zu Beginn ihres Weges nichts über die eigene Herkunft weiß, die aber ein solches Talent und eine gewissermaßen titanische Größe verspricht, dass sie mit Erziehern, Lehrern, Weggefährten umgeben wird auf einem verschlungenen Pfad zur Selbstfindung, der nicht ohne Überraschungen und Kehrtwenden sein wird. Aber insbesondere die Anfangsszene liest sich als die Geburt eines Superstars auf einer Bühne kontinentalen Maßstabs: Die oberste Terrasse der Isola Bella, die Schönheit des Lago Maggiore, die Erhabenheit der donnernden Alpengletscher, das Versprechen einer zukünftigen Bildungsreise in Italien, — aber auch der unbekannte Vater, die gesellschaftliche Isolation, der innere (metaphorische) Adel verweisen auf die Selbstkonstruktion des Prince-Mythos:

Der Mantel der Nacht wurde dünner und kühler – die Morgenluft wehte lebendig an die Brust – die Lerchen mengten sich unter die Nachtigallen und unter die singenden Ruderleute – und er hörte hinter seiner lichtern Binde die frühen Entdeckungen der Freunde, die in den offnen Städten der Ufer das Menschengewühl aufleben und an den Wasserfällen der Berge bald Himmelsrot, bald Nebel wechseln sahen.

– Endlich hing die zerlegte Morgenröte als eine Fruchtschnur von Hesperidenäpfeln um die fernen Kastaniengipfel; und jetzt stiegen sie auf Isola bella aus.

Der verhangne Träumer hörte, als sie mit ihm die zehen Terrassen des Gartens hinaufgingen, neben sich den einatmenden Seufzer des Freudenschauders und alle schnelle Gebete des Staunens; aber er behielt standhaft die Binde und stieg blind von Terrasse zu Terrasse, von Orangendüften durchzogen, von höhern freiern Winden erfrischt, von Lorbeerzweigen umflattert – und als sie endlich die höchste Terrasse erstiegen hatten, unter der der See 60 Ellen tief seine grünen Wellen schlägt, so sagte Schoppe: »Jetzt! Jetzt!« – Aber Cesara sagte: »Nein! Erst die Sonne!« Und der Morgenwind warf die Sonne leuchtend durchs dunkle Gezweig empor, und sie flammte frei auf den Gipfeln – und Dian zerriß kräftig die Binde und sagte: »Schau umher!« – »O Gott!« rief er selig erschrocken, als alle Türen des neuen Himmels aufsprangen und der Olymp der Natur mit seinen tausend ruhenden Göttern um ihn stand. Welch eine Welt! Die Alpen standen wie verbrüderte Riesen der Vorwelt fern in der Vergangenheit verbunden beisammen und hielten hoch der Sonne die glänzenden Schilde der Eisberge entgegen – die Riesen trugen blaue Gürtel aus Wäldern – und zu ihren Füßen lagen Hügel und Weinberge – und zwischen den Gewölben aus Reben spielten die Morgenwinde mit Kaskaden wie mit wassertafinen Bändern – und an den Bändern hing der überfüllte Wasserspiegel des Sees von den Bergen nieder, und sie *flatterten in den Spiegel, und ein Laubwerk aus Kastanienwäldern faßte ihn ein ... Albano drehte sich langsam im Kreise um und blickte in die Höhe, in die Tiefe, in die Sonne, in die Blüten; und auf allen Höhen brannten Lärmfeuer der gewaltigen Natur und in allen Tiefen ihr Widerschein – ein schöpferisches Erdbeben schlug wie ein Herz unter der Erde und trieb Gebirge und Meere hervor. – – O als er dann neben der unendlichen Mutter die kleinen wimmelnden Kinder sah, die unter der Welle und unter der Wolke flogen – und als der Morgenwind ferne Schiffe zwischen die Alpen hineinjagte – und als Isola madre gegenüber sieben Gärten auftürmte und ihn von seinem Gipfel zu ihrem im waagrechten wiegenden Fluge hinüberlockte – und als sich Fasanen von der Madre-Insel in die Wellen warfen: so stand er wie ein Sturmvogel mit aufgeblättertem Gefieder auf dem blühenden Horst, seine Arme hob der Morgenwind wie Flügel auf, und er sehnte sich, über die Terrasse sich den Fasanen nachzustürzen und im Strome der Natur das Herz zu kühlen.*

Er nahm, ohne sich umzusehen, verschämt die Hände der Freunde und drückte sie ihnen, damit er nicht sprechen müsse. Das stolze Weltall hatte seine große Brust schmerzlich ausgedehnt und dann selig überfüllt; und da er jetzt die Augen wie ein Adler weit und fest in die Sonne öffnete; und da die Erblindung und der Glanz die Erde verdeckte und er einsam wurde; und die Erde zum Rauch und die Sonne zu einer weißen sanften Welt, die nur am Rande blitzte: so tat sich sein ganzer voller Geist wie eine Gewitterwolke auseinander und

brannte und weinte, und aus der reinen blassen Sonne sah ihn seine Mutter an, und im Feuer und Rauch der Erde stand sein Vater und sein Leben eingehüllt. –
Still ging er die Terrassen herunter und fuhr oft über die nassen Augen, um den feurigen Schatten wegzuwischen, der auf alle Gipfel und alle Stufen hüpfte. –

Jean Paul, Titan, Erstes Kapitel

DIESE LITERARISCHE WELTEROBERUNGSPHANTASIE ist in Wirklichkeit auch und gerade ein Modell des Lesens, beides aus dem Blick eines Jugendlichen, für den dieses Fest des Lebens von berufener Warte bereitet wurde. So wie der Prinz sich plötzlich zurückversetzt findet in die ersten Jahre seiner Kindheit, die er auf dieser Insel im Lago Maggiore verbracht hat, so wie er zum ersten Mal den ihm bisher unbekannten Vater treffen soll, so wie die vielen mysteriösen und enigmatischen Hinweise auf seine Zukunft ihn verwirren, so sehr ist er doch in dem Moment gefangen, in dem ihm die Augenbinde abgenommen, in einem Augenblick die ganze Welt offenbart und zu Füßen gelegt wird, damit er als junger Erwachsene in sie hineinschreite, sie sich zueigen mache, ihre Rätsel löse.

DIE MAJESTÄTISCHE ANFANGSSZENE des bedeutendsten Romans von Jean Paul, die jedem lesenden Jugendlichen für immer im Gedächtnis bleiben wird, ist, wie man deutlich erkennen kann, eben auch eine Apotheose des Lesens als Jugendlicher, eine Adoration des Jungseins selbst. Jeder Jugendliche ist, völlig unabhängig von seinem sozialen oder seinem Bildungsstatus, zunächst einmal ein Prinz seines eigenen Königreiches, einer Welt, von der er bisher abgeschirmt wurde, die ihm nun zufällt, die er nun erobern kann, wie es ihm gerade gefällt. Und ob eine philiströse Bürgergesellschaft ihn schnellstmöglich zurechtstutzen möchte oder er sich den vorherrschenden Trends für eine Tunichtgut-Existenz anschließt und somit seinen inneren Adel fortwirft, es gibt ein Reich, in dem man immer der Prinz bleiben wird, selbst dann, wenn man bereits sein König geworden ist.

DIESES REICH IST DAS DER PHANTASIE, das über das Lesen aufgeschlossen wird, zu dem jedes Buch ein ganz eigener Schlüssel ist, jenes Reich, zu dem die Pfade in unserem Alltag beginnen, für das gerade die Hinfälligkeit in unserer realen Existenz den besten Beweis für jene andere, weitere, reichere, lieblichere Welt liefern. Hier geht es nicht um Eskapismus (im Sinne der Fantasy-Literatur), hier geht es um jenen *anderen Zustand*, jene *taghelle Mystik*, die Ulrich im *Mann ohne Eigenschaften* sucht.

DER BEGRIFF DER PHANTASIE ist von den letzten philiströsen Jahrhunderten zu einem Gegenbild zu jeder Form von Ernsthaftigkeit, Realitätssinn oder Nützlichkeit zurechtgestutzt worden, dabei ist nichts in dieser Welt der Ernsthaftigkeit jemals neu entstanden, ohne dass nicht ein Erfinder, Künstler, Wissenschaftler oder Unternehmer jene Vision gehabt hätte, die anschließend zu einem Bestandteil des Inventars unserer Welt geworden wäre, das wir heute völlig selbstverständlich benutzen und (in dieser kultur- und vergangenheitsverlorenen und -vergessenen Welt) als unser ewig angestammtes Menschenrecht begreifen. Es musste erst erfunden werden, es muss nun jeden Tag von Neuem erkämpft werden. Dies ist das Vorrecht der Jugend und um nicht von einer übelmeinenden Kulturindustrie hinters Licht geführt zu werden, gibt es keine bessere Hilfestellung als die der großen, der reichen, der wahrhaft phantasievollen Literatur.

UND *TITAN* IST IN DIESEM SINNE EBEN AUCH EINE PHANTASIE über das Lesen. Die Insel Isola Bella ist der unveränderliche Ort der Kindheit, der Phantasie, um es *fancy* auszudrücken: jener literarischen Sprache der Menschheit, die in jedem von uns als menschlichem Wesen angelegt ist wie eine universale Grammatik. Jeder Autor ist wie ein Vater, entrückt, unzugänglich, ehrfurchtgebietend, der uns einen Text bereitet hat, der uns von sehr irdischen Pädagogen und Malern mit unendlicher Geduld und rauschhaftem Gefühl nahegebracht wird. Aber der Text ist rätselhaft und widersprüchlich, viele der Figuren, die im *Titan* auftauchen, wurden von Interpreten als papierne Allegorien kritisiert, — weil es literarische Figuren in einem Roman sind, dem Roman, den der Titan in sein Leben hinein und aus seinem Leben heraus schreibt.

JEDER JUGENDLICHE BEGINNT EINEN SOLCHEN ROMAN zu schreiben, wenn er genug Phantasie hat, es sind die Symbole, Motive und Themen seines Lebens, die Erzählungen seiner Persönlichkeit und seines Charakters, die Moral seiner Selbstrechtfertigung und seines Gerechtigkeitssinnes, die er in seine Zukunft hineinschreibt, wie er sie aus seiner Vergangenheit herausliest. Auch dies ist einer der Gründe, warum große Literatur zur Persönlichkeitsbildung unerlässlich ist: Wollen wir es wirklich den Computerspielen, den *daily soaps*, den Influencern und Social Media-Bots überlassen, einen neugierigen und beeindruckbaren Jugendlichen mit einer Lebenserzählung zu versorgen? Das wäre buchstäblich das Baby aus *Matrix*, das an Kabeln und Schläuchen hängt und mit verflüssigtem Menschenmaterial gefüttert und aufgezogen wird. Nur die über Generationen bewährte mythische Phantasie großer, reicher Literatur kann das Baby im Jugendlichen so ernähren wie der Blick Albano de Cesaras seine phantasiebegabte Seele am Beginn des *Titan* nach dem Abnehmen der Augenbinde. Man hat sie lange genug getragen und man nimmt sie im richtigen Moment ab: Das ist das pädagogische Geheimnis des Lesens in der Jugend, dies ist der Heroismus, der sich bereits in seinem Namen zeigt, *weiß* wie das noch unbeschriebene Papier und dennoch bestimmt dazu, einmal ein *Caesar* zu werden. Und an anderer Stelle werde ich die Kindheitsphantasie von Blumenbühl, Pestiz und Hohenfließ ausdeuten.

Was um 1800 also vor allem eine literarische Phantasie war, ist um 1980 eine popkulturelle. Der Titan ist der Pop-Star, sein poetisches Sprechen erfolgt durch seine *lyrics* und sein Gitarrenspiel, sein Palast ist die Bühne, sein Reitpferd oder Wagentross der Lear Jet und die Verheißung seines Adels das Musikvideo und das Coverphoto. Im Falle des Covers des *Lovesexy*-Albums von 1988 ist dieses Versprechen der immakulaten Geburt, des Aufwachsens auf einer Lilienblüte und der Kalokagathie von Wuchs, Antlitz und Haar sogar auf eine gleichzeitig ironische und völlig ernstgemeinte Weise ausbuchstabiert, — auf eine postmoderne Weise.

Eine kleine Nachbemerkung für alle, die die Achtziger nicht miterlebt haben: Es war eine andere Zeit, aber ich will genau sein. Die Eroberung der Welt schien möglich, der Silberstreif glänzte über Paris, London, New York, man glaubte noch an den Mythos, an das unbändige Potential, die innere Berufung der eigenen Persönlichkeit. Man konnte sich da selbst in der provinziellsten Umgebung als eine mythische Gestalt fühlen. Der Zweifel, die Enttäuschung, die Rhetorik der Nichtidentität mit sich selbst kamen erst später (im Grunge), die alberne Selbstheroisierung als vulgärer Kleinkrimineller (im HipHop), als homoerotisches und gleichwohl präpubertäres kapitalistisches Sexobjekt (in Boy- oder Girlgroups) oder als glamouröse, desillusionierte und umso verwöhntere Jeunesse-dorée-Schnösel (im Britpop), — das alles kam später, gemeinsam mit dem Ende der Bipolaren Welt, dem Turbokapitalismus und dem Internet, diese *Letzte Degeneration* stand uns noch bevor. Natürlich war die Mode der Achtzigerjahre auch lächerlich, natürlich waren die Blütenträume schnell ausgeträumt, — aber es gab einen, der sie in seiner Erscheinung, im Klassizismus seiner Musik und in ihrem Look transzendierte. Und gegenüber vielen Duodezfürstenschnöseln und Tischlergesellenromantikern war er eben tatsächlich: — *EIN TITAN*.

ABER: Keine Titanomachie ohne Titanensturz, keine Göttergeneration ohne ihre Ablösung durch die nächste, kein Goldenes Zeitalter ohne ein silbernes, broncenes und schließlich bloß eisernes,

— und dennoch: Das Pathos des Trotzes, oder, wie Gadamer über Goethe schrieb:

> Der Titanismus des jungen Goethe, dessen Bezwingung in den Augen seiner Verteidiger und Verehrer die große sittliche Leistung seines Lebens ist, scheint insofern noch immer sein letztes Wort. Denn Titanismus ist das trotzige Auf-sich-selbst-Bestehen des Menschen gegenüber dem Göttlichen, wie es in Goethes Vorliebe für die Gestalt des Prometheus in seiner Jugend revolutionären Ausdruck fand. Titanismus scheint aber nicht minder die dichterische Selbsthilfe, der sich Goethe beständig und bis zuletzt vertraut.
> *Gadamer: Gesammelte Werke. Bd. 9, Tübingen 1993*

Der Titanismus eines Goldenen Zeitalters, der glamouröse Ungestüm der Jugend, der kometenhafte Aufstieg des nächsten Genies erschließt sich eben immer erst im Rückblick, als Jugenderlebnis einer Generation, wenn nicht gar als die Personifikation ewiger Jugend in einem zu früh Gegangenen, — und damit als der Genius des Populären.

Hören

In dem unwahrscheinlichen Fall, dass Sie noch nie Musik von Prince gehört haben: Herzlichen Glückwunsch, mein aufrichtiger Neid und mein aufrichtiges Mitgefühl. Sie haben ihr bisheriges Leben verschwendet, aber: *the best is yet to come*. Wenn Sie schon das eine oder andere von Prince gehört haben: Machen Sie sich auf eine abenteuerliche Reise bereit. Scherze beiseite: Ich empfehle einige Herangehensweisen an das riesige Werk von Prince.

Anfangen, und ich meine das durchaus ernst, sollte man mit *Purple Rain*. Nur aus der Fülle und Üppigkeit dieses Albums heraus kann man die Alben verstehen, die zu ihm hin- und von ihm fortgeführt haben. Es gibt zwei Alben davor, die ich persönlich für besser halte, obwohl *Purple Rain* eines der besten Alben der Musikgeschichte ist, *1999* und *Dirty Mind*. Beide bedeuten für Prince und die Musikgeschichte riesige Sprünge. Alle Alben unmittelbar danach sind in der einen oder anderen Weise vielleicht oder mit Sicherheit besser, gleichzeitig aber vielleicht nicht so perfekt wie *Purple Rain*, wenn diese Distinktion Sinn ergibt. Fast alle Tracks von *Around the World in a Day* (1985) sind eine extravagantere Version des Stils von *Purple Rain*, ich persönlich könnte ohne *The Ladder* und *Temptation* leben, aber ich verstehe, wie sie in die

Komposition des Albums gehören. Aus dieser Phase gibt es so unendlich viele phantastische Tracks, dass dieses Album unbedingt ein Doppelalbum sein müsste. Zum Glück haben wir heute digitale Remasters der so viel besseren Langversionen, Outtakes und B-Sides (insbesondere das beste Lied aller Zeiten, das nicht auf einem Album, sondern nur als B-Side einer Single erschien: *She's Always in my Hair*) dieser Phase sowie viele Tracks, die von *Purple Rain* übriggeblieben waren und wir können uns ein platonisches Ideal dieses Albums selbst zusammenstellen.

Anschließend hören Sie in chronologischer Reihenfolge die Alben, erst dann hören Sie die Konzerte, die ich vorgeschlagen habe und dann machen Sie sich eine Playlist. Dann können Sie hören, dann sind Sie frei.

Tränen

Ich weiß keinen Unterschied zwischen Tränen und Musik zu machen.
Friedrich Nietzsche, Ecce Homo, Warum ich so klug bin, Kapitel 7

Es spielt keine Rolle, in welchem Kontext Nietzsche zu dieser abrupten Erkenntnis kam *(Spoiler Alert: es war kein guter)*, es spielt keine Rolle, ob er seine Tränen in einer Aufführung der *Carmen* geweint hat oder am Hals eines geschlagenen turinischen Kutschpferdes, — es kommt nur darauf an, *welche Tränen wir weinen*. In unserem Selbstverständnis werden sie zu titanischen Tränen, ein Doppelalbum, eine Playlist.

Titanische Tränen

Little Wing	The Jimi Hendrix Ex...	2:26	•••
Trouble Man	Marvin Gaye	3:49	•••
The Great Gig In The Sky	Pink Floyd	4:44	•••
Europa (Earth's Cry Heaven's Smile)	Santana	5:07	•••
All the Young Dudes	David Bowie	4:12	•••
Kashmir	Led Zeppelin	8:37	•••
Always Crashing in the Same Car	David Bowie	3:35	•••
Watermelon In Easter Hay	Frank Zappa	9:08	•••
Comfortably Numb	Pink Floyd	6:19	•••
Such a Shame (Remastered 1997)	Talk Talk	5:36	•••
Moonbeam Levels	Prince	4:06	•••
Alexa De Paris	Prince	4:55	•••
Zappa: Strictly Genteel	Von Frank Zappa —...	6:57	•••
Nude	Radiohead	4:15	•••
Where Are We Now?	David Bowie	4:09	•••
WAY BACK HOME	Prince	3:05	•••

16 Titel, 1 Stunde und 21 Minuten

Meine Begegnung mit Prince

*Auf einmal
da war ich
an dieser Stelle
in meinem Leben.*

Rolfdieter Brinkmann, Westwärts 1&2

Die Vorstellung, einmal Prince zu begegnen, und sei es nur in Sichtweite in einem sozusagen bürgerlichen Kontext, nicht aus der Ferne in einem Konzert, erschien mir als einem Kind der Achtzigerjahre absolut unmöglich. Es war schwierig genug, nur die neuesten Nachrichten aus der Pop-Musik zu erfahren, wer ein neues Album herausbringt, wer auf Tournee geht, — und dementsprechend mysteriös erschien uns die Welt dieser Titanen.

Schon beim Konzert der *Nude*-Tour 1990 im Olympiastadion in München waren wir in der Nacht zuvor rastlos durch die Münchner Clubs gezogen, hatten am *Bayerischen Hof* vorbeigeschaut, während für uns die Stadt magisch aufgeladen war. Prince erschien *as out of thin air* erst zu Beginn des Konzertes am höchsten Punkt der Bühne, ähnlich war es bei allen Konzerten der nächsten Jahre, die wir besuchten. Als er 1999 mit der *New Power Soul*-Tour wieder nach Stuttgart kam, waren wir vorbereitet. Wir wussten, er würde im *Graf Zeppelin* absteigen, das tat er immer. Nach dem

Konzert wurde über die PA angekündigt, dass die Aftershow in einem Laden stattfinden würde, den wir für absolut ungeeignet hielten. Wir fuhren hin, bekamen die unbestimmte Hysterie mit und sahen ihn unbeteiligt auf einer Bühne stehen, während der DJ *1999 - The New Master* auflegte. Nach wenigen Minuten war der Spuk schon vorbei. Später sollte ich immerhin erfahren, dass Prince dort im Restaurant vegetarische Maultaschen gegessen hatte. Alle anderen zerstreuten sich, aber wir wussten, wohin wir fahren müssten. Es war mittlerweile etwa drei Uhr und wir verfolgten eine Kolonne von Tourbussen durch Stuttgart. Als sie vor dem *Graf Zeppelin* anhielt, stiegen alle Bandmitglieder aus, nicht aber Prince. Wir wussten, in welchem der drei Busse er sitzen musste und verfolgten die Kolonne im Auto über den menschenleeren Bahnhofsvorplatz, der in Wirklichkeit eine achtspurige Straße ist, — und dennoch verschwand der Bus mit Prince vor unseren Augen durch ein absolut unerklärliches Manöver. Also warteten wir einfach auf dem Gehweg vor dem Hotel, vielleicht fünf Meter von dem roten Teppich entfernt. Dann kam der magische, verschwindende Bus und der persönliche Bodyguard, den ich vom Konzert wiedererkannte, stieg aus und versuchte uns zu vertreiben. Ich war auf diese Kollision eines amerikanischen Stars mit der deutschen freiheitlich-demokratischen Grundordnung vorbereitet und erklärte dem guten Mann, dass wir das Recht hätten, uns dort aufzuhalten, dass wir Prince nichts Böses wollten und ihn einfach gerne auf eine Tasse Kaffee einladen würden. Selbstverständlich gingen weder der Bodyguard noch Prince auf diesen zauberhaften Vorschlag ein und wenige Minuten später kam Prince in einem roten Anzug und mit einem gläsernen Spazierstock heraus und ging stracks an uns vorüber, ohne uns eines Blickes zu würdigen. Wir waren gleichzeitig von dieser realen Präsenz mit Stummheit geschlagen, von der brüsken Zurückweisung unserer Kaffee-Einladung enttäuscht und wollten doch Prince mit unseren eigenen Worten erreichen. Was sagt man in einem solchen Moment? Es musste schnell gehen, es sollte emotional sein, es sollte das Wichtigste sein, das wir zu sagen hätten. Wir hörten uns zögerlich halblaut rufen: *We Love You!*

Inhalt

Signé: Prince
3

Künstlertum
7

Gelehrsamkeit
13

oral history
15

Bild
17

Bildverweigerung
21

Stil
25

Alben
31

Konzerte
35

piano
39

guitar
41

bass
49

drums
51

vocals
53

Arrangements
55

Tourneen
57

Filme
59

Paris
63

Cap d'Antibes
67

Mode
69

Erscheinung
71

party
73

Paisley
75

Cover
77

Religion
78

Sex
79

Abschied
81

Tod
83

Nachleben
85

Mythos
87

We love you
91

Der Künstler als Postmodernist
95

Titan
103

Hören
113

Tränen
115

Meine Begegnung mit Prince
117

Inhalt
121

Sven Ulrich Lippert
Die Essays

Das Inventar der Welt
Literatur als Menschheitssprache

Hic Sunt Dracones
Die unbekannten Gegenden der Literatur

Hier. Jetzt.
Über das Populäre

Projektive Mimesis
Über Kunst und Bildung

Literatur für Liebhaber,
Die Eroberung der Welt

Blindheit als Einsicht
Literaturtheoretische Wahlverwandtschaften

Die Furien des Erfindens
Verschwindende Welten der Literatur

luxe, calme er volupté
Über das zivilisierte Leben

Sven Ulrich Lippert
Die Romane

Ein ungeschriebner Roman
(nicht notwendigerweise ein Roman)

Die kleine Geschichte von dem Haus am Meer
*Ein Roman, den man an den Strand mitnehmen möchte
— mit Photographien des Autors*

ALLES
Roman

Drei Romane

Das Labyrinth im Schloss der Melancholie
Letzter Analysand vor der Autobahn
Die Abende des Herrenschneiders

à propos

links
Geschichte einer Verirrung und Roman einer Illusion

Atlas der Katakomben des Wissens
Ein orphischer Reiseführer für das unsichtbare Paris

Der Untergang des deutschen Bildungsbegriffes
oder: Wie man etwas wider Willen zerstören kann, weil man es nicht versteht

Eine geistige Reise durch die Schweiz
Postkarten von Menschen und Städten im Geist der Pädagogik

*Das Lesen selbst
wird zu einem Akt des Widerstands
gegen die Grausamkeit dieser Welt
und zu einer Konstruktion
einer besseren
untergegangenen und wiedergeborenen.*

Sven Ulrich Lippert

Sven Ulrich Lippert
Drei Romane — pur oder als Cocktail

Printed in Poland
by Amazon Fulfillment
Poland Sp. z o.o., Wrocław
07 January 2024

45279e60-1474-421a-b2b7-fedcb8bc1e0aR01